Wir haben die Wahl

Zu diesem Buch

Deutschland im Jahr 2017. Donald Trump ist US-Präsident, Recep Tayyip Erdoğan regiert die Türkei im Alleingang. In Deutschland verbreitet Pegida auf der Straße Fremdenhass, und mit der Alternative für Deutschland steht eine Partei zur Wahl, die sich scharfe und ausgrenzende Parolen zunutze macht. In dieser angsterfüllten Stimmung lässt sich kaum noch sagen, ob die politischen und gesellschaftlichen Werte der Demokratie Bestand haben werden – und gerade deswegen, finden die Autoren dieses Bandes, ist es Zeit, die Stimme zu erheben. Sie treten ein für eine offene und vielfältige Gesellschaft und schreiben an gegen die Bequemlichkeit der Unwissenheit, gegen Ignoranz und blinde Wut – damit uns das höchste Gut, die Freiheit, nicht verloren geht.

WIR HABEN DIE WAHL

Warum wir gerade jetzt für
unsere Freiheit einstehen sollten

PIPER

Mehr über unsere Autoren und Bücher:
www.piper.de

MIX
Papier aus verantwor-
tungsvollen Quellen
FSC® C083411

ISBN 978-3-492-05881-0
© Piper Verlag GmbH, München 2017
Umschlaggestaltung: Büro Jorge Schmidt, München
Satz: Kösel Media GmbH, Krugzell
Gesetzt aus der Scala
Druck und Bindung: CPI books GmbH, Leck
Printed in Germany

Inhalt

Felicitas von Lovenberg Vorwort 7
Andreas Altmann Monsieur Hassan 10
Manuel Andrack Auf dem Land schaffen wir das –
über deutsche Markenzeichen 18
Karsten Dusse Warum ich Populisten gut finde,
aber nicht wähle 27
Bruno Jonas Blüh im Glanze dieses Glückes,
blühe, deutsches Vaterland 39
Lamya Kaddor Hass ist keine Meinung 47
Hape Kerkeling Zwischen Ohnmacht und
Größenwahn – wo bleibt die gute alte Mitte?
Ein satirisches Update 61
Michael Kibler Nach Berlin … 68
Radek Knapp Wer ist schuld am guten Wetter
für Möchtegerndiktatoren? 79
Tobias O. Meißner Wellen und Turm 85
Rebecca Niazi-Shahabi Aber ändern muss es sich! 95
Stephan Orth Fauler Hering 100
Georg M. Oswald Wo waren wir stehen geblieben?
Vorschlag, uns von der Geschichte einholen
zu lassen 107
Gisa Pauly In der Vielfalt liegt die Würze 117
Michael Peinkofer Am Ende (der) Wahrheit 124

Michael Schmidt-Salomon Die offene Gesellschaft
 steht auf dem Spiel 133
Jörg Steinleitner Schickst du mir Foto von sie 146
Kai Strittmatter Schwarzsehen 158
Su Turhan Mit Hirn und Liebe 170

Unsere Autorinnen und Autoren 179
Dank 185

Vorwort

Literatur gilt als Kunst, die Zeit braucht, um auf Ereignisse und Entwicklungen zu reagieren. Zwar erweisen sich Romane und Erzählungen oft als prophetisch, doch lässt sich das naturgemäß erst im Nachhinein feststellen. Einer engagierten Literatur hingegen wird oft die breite Anerkennung versagt. Dabei ist es keineswegs so, dass Schriftsteller zu aktuellen Ereignissen schweigen.

In diesem Herbst haben wir in Deutschland die Wahl. Zum ersten Mal, seit vor zwei Jahren Hunderttausende Menschen bei uns Zuflucht suchten, also seit jenen Ereignissen, die als »Flüchtlingskrise« erst ins öffentliche Bewusstsein und dann bei Wikipedia eingegangen sind. Erstmals auch seit den Terroranschlägen von Paris, Nizza, Brüssel und Berlin, seit der Wahl Donald Trumps zum Präsidenten der Vereinigten Staaten und seit dem Verfassungsreferendum in der Türkei, das Recep Tayyip Erdoğan zum de facto Alleinherrscher macht. Es ist die erste Bundestagswahl seit dem deutlichen Erstarken von Rechtspopulisten in vielen europäischen Ländern; in Österreich, den Niederlanden und Frankreich hätten es ihre Vertreter zuletzt beinahe bis in höchste Staatsämter gebracht, während in Russland, Ungarn oder der Türkei Antidemokraten bereits an der Macht sind. Bei uns holt derweil die AfD (Alternative für Deutschland) bei Landtagswahlen mehr Stimmen als die Grünen, und Anhänger der

Pegida-Bewegung rufen auf offener Straße fremden- und islamfeindliche Parolen.

Die Idee zu diesem Buch entstand im Piper-Lektorat aus Gesprächen mit unseren Autorinnen und Autoren, die diese Entwicklungen besorgt, empört, verstört und in einigen Fällen sehr persönlich betrifft, weil sie selbst erleben oder erlebt haben, was es heißt, Ziel von Rassismus, Hasskommentaren und ausgrenzender Aggression zu sein. Die Schriftsteller wollen ein Zeichen für Solidarität, Freiheit und Toleranz setzen – und wir als Verlag mit ihnen. In diesem Band erheben zahlreiche Piper-Autorinnen und -Autoren ihre Stimme, darunter Andreas Altmann, Bruno Jonas, Lamya Kaddor, Hape Kerkeling, Stephan Orth, Georg M. Oswald, Gisa Pauly, Michael Peinkofer, Kai Strittmatter und Su Turhan. Es geht in den Texten nicht darum, Strategien zur Flüchtlingsfrage zu entwerfen, Leitplanken einer Leitkultur aufzuzeigen oder überhaupt Ratschläge zu erteilen. Vielmehr ist das Anliegen der Texte, durch Reflexion das Bewusstsein dafür zu schärfen, was derzeit auf dem Spiel steht. Es geht darum, wie wir gemeinsam und als Einzelne dazu beitragen können, dass die politischen und gesellschaftlichen Werte der Demokratie erhalten und gelebt werden, also darum, die Welt, so wie sie ist, »wohnlicher einzurichten«, wie Andreas Altmann es mit Bertolt Brecht mitreißend formuliert.

So vielfältig wie die Verfasser und ihre Temperamente sind die Texte. Ob erzählerisch angelegt oder autobiografisch, satirisch, wütend oder nachdenklich – alle sind sehr persönlich. In ihren Texten treten die Autorinnen und Autoren ein für die Rechte und Werte, die das Wesen unserer freiheitlichen Gesellschaft ausmachen, und sie wenden sich gegen die Bequemlichkeit jener Einstellung, dass es auf den Einzelnen nicht ankomme. In manchen Texten klingt Angst an, in anderen Zweifel, in den meisten jedoch wird das beschworen, was die Gesellschaft im Innersten zusammenhält:

Menschlichkeit, Empathie, guter Wille. Und eigentlich alle sind davon überzeugt, dass unsere Demokratie stark genug ist, um souverän und besonnen, aber eben auch selbstkritisch auf Versuche der Ausgrenzung einzelner Gruppen zu reagieren. Hape Kerkeling besingt den Ort, wo es nicht sexy oder schrill zugeht, nicht gruselig oder aufregend, da, wo der gute Durchschnitt zu Hause ist und die Gesellschaft ganz bei sich: die Mitte als Bollwerk.

Diese Anthologie will aufrütteln, anregen und berühren, dabei aber auch animieren, appellieren und unterhalten. Der Prozess ihres Zustandekommens ist der beste Beweis für die Kraft eines gemeinsamen Anliegens. Die gesamten Erlöse aus diesem Buch werden an gemeinnützige Einrichtungen gespendet, und alle Beiträger haben auf ein Honorar verzichtet, ebenso Grafiker, Setzer, Papierlieferanten und Drucker. In diesem Buch sind aus jedem Lektorat des Piper Verlags, aus Literatur und Sachbuch, aus Unterhaltung, Fantasy und von Malik, Autorinnen und Autoren vertreten, sodass sich in der Bandbreite der Verfasser auch die Vielfalt des Verlagsprogramms spiegelt – und die Vielfalt einer Gesellschaft, die es zu verteidigen lohnt.

Felicitas von Lovenberg,
im Sommer 2017

Andreas Altmann
Monsieur Hassan

Wo ich auch hinzog – immerhin schaffte ich drei Kontinente –, suchte ich zuerst ein paar wichtigste Dinge: eine Wohnung mit Bett und Tisch. Ein Kaffeehaus. Und einen Schneider. Der flickt und dafür sorgt, dass ich präsentabel durch die Welt gehe. Mit elegant sitzenden Hosen und Hemden.

Viele Schneider habe ich getroffen. Die einen waren Gangster, die anderen super und die Mehrheit so lala. Doch in Paris fand ich ihn, den Schneider aller Schneider, den Meister, den Weltmeister: Monsieur Hassan. Ein Herr aus der Türkei, ein Ex-Flüchtling, der vor Jahren vor einem der zahlreichen Militärregimes seines Landes davonlief.

Mindestens einmal die Woche komme ich bei ihm vorbei, und bisweilen hängt an der Tür seines winzigen Ateliers ein Schildchen mit dem Hinweis: *Je reviens dans cinq minutes*, bin zurück in fünf Minuten. Ah, das ist geschwindelt, denn Hassan, der Muslim, kniet hinter seiner Umkleidekabine. Und betet. Richtung Mekka, vermute ich.

Dann warte ich geduldig, und irgendwann sperrt er wieder auf – und lächelt.

Ich bin froh, dass er betet. Das klingt bizarr aus dem Mund eines notorischen Atheisten. Doch, das heimliche Murmeln scheint ihn zu wärmen. Selbst wenn ich überzeugt bin, dass Beten – in welche Himmelsrichtung auch immer, im Namen welches Herrn auch immer – nichts als Simsalabim ist. Aber bei Hassan gelingt der Selbstbetrug, auf wunderbar coole Weise: weil er nicht zu predigen beginnt. Weil er mir nicht verspricht, dass ich, der Ungläubige, zur Hölle fahre. Weil er nie einen heiligen Krieg anzettelt. Weil er als Fremder die Spielregeln des Landes bejaht, das ihm Asyl gewährt. Weil er seinen Landsmann Nâzim Hikmet liebt, den Dichterhelden. Und weil er – ganz orientalischer Gastgeber – uns stets zwei Tässchen türkischen Kaffees braut, sich gleichzeitig von mir ausfragen lässt und mich hinterher den »deli« nennt, den Verrückten.

Mit Hassan würde ich gerne auf Tournee gehen, als meinem Vorzeigeflüchtling: einer, der sein Handwerk in die Fremde mitbrachte und so von Anfang an das Glück hatte, Geld und Anerkennung zu verdienen. Einer, der ein friedliches Herz besitzt und mit seinem Können und seinem Kichern zur Lebensfreude der Kundschaft beiträgt. Einer, der – so einfach der Mensch Hassan auch sein mag – als Weltmann auftritt: weil er nicht demütig und verdruckst daherkommt, sondern wie jemand, der ahnt, dass wir – wir sieben Milliarden – einander ebenbürtig begegnen sollten. Und weil Monsieur Hassan von seiner Dankbarkeit spricht, in Frankreich leben zu dürfen. Nichts würde ich an ihm ändern wollen, auch nicht sein Französisch, das noch immer zu lang gezogenen Lachsalven verführt.

Ich bin ein Glückspilz. Alle Nichtfranzosen in meinem Viertel, mit denen ich zu tun habe – ob nun Flüchtling oder ehemaliger Flüchtling, ob nun aus wirtschaftlichen Gründen oder politischen aus der Heimat davon –, sie alle ähneln mir: Sie träumen von einem guten Leben, sie versuchen, freundlich zu sein, sie haben Angst vor dem Tod und hundert andere Ängste, sie brauchen, nein, sie *fordern* Anerkennung und Respekt, sie tun ihre Arbeit. »Chacun sa merde«, sagen sie hier, denn auch das haben wir gemeinsam: die Scheißtage dazwischen, die Wut auf die Welt, die Fassungslosigkeit. Und da die meisten aus Nordafrika kommen – *la Grande Nation* war dort einst Kolonialmacht –, sind sie mehrheitlich Muslime. Und noch nie hat einer von ihnen versucht, mir seinen Herrn Allah einzureden. Keiner zückte je einen Säbel. Und nie fiel mir in ihren Läden ein religiöses Zeichen auf. Was zeigt, dass sie eine der Grundregeln demokratischen Zusammenlebens verinnerlicht haben: Religion hat in der Öffentlichkeit nichts zu suchen.

Um jedes Missverständnis auszubremsen: Natürlich schreckt mich der Islam. Wie jede monotheistische »Offenbarung«. Der christliche Glaubensterror, der jahrhundertelang im Abendland randalierte und schlachtete, soll reichen. Wir Europäer haben unsere Quote an spirituellem Irrsinn bereits erfüllt, wir brauchen keine Neuauflage. So wird hier auch nicht der Text eines Toren stehen, der nicht wüsste um die Herausforderungen, die eine so massive Zuwanderung fremder Frauen und Männer mit sich bringt. Nein, ich rede keinem »angélisme« das Wort, der mit Engelszungen nur vom Wahren und Schönen plappert. Allein nach Deutschland kam eine Million neuer Menschen. Und mit ihnen garantiert ein Prozentsatz geifernder Zeloten, islamistisch verblödeter Krimineller und notorischer Schnorrer. Wie überall auf der Welt.

Doch die Mehrheit der Ausgebombten und Geschundenen gehört zur Spezies jener, die guten Willens sind. Ich fantasiere mir hier niemanden heilig, aber wir werden nicht froh auf Erden, wenn wir den »anderen« grundsätzlich als Bestie wahrnehmen. Dass in jedem von uns unberechenbare, so bedrohliche Energien lauern, auch das hat sich inzwischen herumgesprochen. Ich wüsste folglich kein zuträglicheres Serum gegen den Ausbruch unserer – unser aller – Dämonen als Menschenfreundlichkeit, sprich, Achtung, sprich, einen gewissen Vorschuss an Vertrauen.

Auch Vertrauen in unser Land. Deutschland hat Kraft und Power und stinkt vor Geld und Erfolg. Kein Salafist wird es aus den Angeln heben. Keine Scharia wird uns terrorisieren. Kein potenzieller Massenmörder wird das Kalifat in Berlin ausrufen. Je souveräner wir auf unsere republikanischen Gesetze pochen (ja, *in extremis* mit Gewalt), desto eindeutiger das Signal an die Welt: Wir sind Teil von Europa, Teil der so bitter und endlos lang erkämpften Vereinbarung, dass auf diesem Erdteil kein Mufti, kein Guru, kein Pfaffe und erst recht kein »Wort Gottes« kommandieren, sondern dass wir uns auf das grandioseste Talent des menschlichen Geistes verlassen: die Vernunft.

Die ebenfalls eingreift, wenn der hauseigene, braun gefärbte Mob – besonderes Kennzeichen seiner Eiferer: urgermanischer Hass auf Ausländer – auf jeden losgeht, dessen Kopf anders aussieht als der vereinstypische Quadratschädel. Die Zahl der (gemeldeten) Übergriffe auf Fremde und ihre Unterkünfte lag 2016 in Deutschland bei über fünftausend (!). Was beweist, dass bei so manchem ein Hirnschrittmacher nottäte und dass die Demokratie, dieser magische Ort, an dem Meinungsverschiedenheiten auf zivilisierte Weise ausgetragen werden (sollten), tagtäglich gefährdet ist.

Ich mag mein Land, wenn es Größe zeigt, Großzügigkeit, wenn es sich rühren lässt vom Leid anderer. Und die Flüchtlingskrise stellt uns allen die Gretchenfrage: Mitgefühl oder stillgelegtes Herz? So eins, das mit den Jahren zu klirren anfing vor Kälte, längst eingesargt im eigenen Panzer.

Hier ist kein Platz, um Strategien zur Flüchtlingsfrage auszubreiten. Dafür bezahlen wir unsere Volksvertreter. Damit sie Ideen entwickeln, die greifen. Dass *Integration* das Zauberwort ist für jene, die als politisch Asylsuchende anerkannt wurden, muss ich niemandem erzählen. Eine trockene Wohnung und ein Job, der eine Ahnung von Sinn vermittelt, sind die ersten zwei Pfeiler, die einem Menschenleben Würde verschaffen. Noch schöner wird es, für beide Seiten, wenn der Fremde die fremde Sprache trainiert. Auf dass ihm irgendwann die notwendigen Wörter zur Verfügung stehen, das Zaubermittel, um sich unbekümmert in der neuen Welt zu bewegen.

Auch klar, ohne Wenn und ohne Aber: wer die Regeln der Gastfreundschaft missbraucht, wer nicht begreifen will, dass in Europa die Menschenrechte Vorfahrt haben vor jeder Form spirituellem Hokuspokus, nicht begreift, dass Frauen hier nicht als Freiwild unterwegs sind, nicht begreift, dass Lebewesen hier nicht als schwarze Windel verpackt den öffentlichen Raum betreten (das Burkaverbot *muss* kommen, wie in Frankreich!), nicht begreift, dass wir unwirsch reagieren, wenn hier glutäugige Bartträger »Allah Akbar« brüllend durch die Straßen rennen, wer das alles nicht begreift, nicht begreifen will: Der muss zurück in sein Land expediert werden. Und wenn das nicht funktioniert, da dort Gefahr für Leib und Leben besteht, dann soll ein Richter ihn aus dem Verkehr ziehen. Vielleicht nüchtert er in der Zelle aus und fängt an, sich auf den Weg in die modernen Zeiten zu machen. Wenn nicht, muss er nachsitzen.

Das hätten wir geklärt: Ich bin kein radikaler Pazifist, ich bin kein Gutmensch, ich predige Intoleranz gegen Intoleranz. Und ich heiße jeden willkommen, der Hilfe braucht, der Grauenhaftes hinter sich hat und der mit seiner Begabung, seinem Wissen und seinem Anstand bei uns anklopft. Wie sagte es Bert Brecht? »Keinen verkommen lassen, auch nicht sich selbst, das ist gut.«

Ich will eine kleine Szene erzählen. Nicht, um mich als glorioses Vorbild herauszuputzen, nein, nur um zu zeigen, mit welch einfachen, schier kostenlosen Gesten – Investition: sechzig Sekunden Zeit und neunzig Cent Geld – man zum Weltfrieden, bescheidener, zur Entspannung und zum flüchtigen Glück von vier Personen beitragen kann: Ich fahre mit der Schnellbahn zum Flughafen Charles de Gaulle. Neben mir ein junges Ehepaar mit seinem dreijährigen (?) Sohn. Das Kind plärrt, die Mutter ist bedrückt, der Vater redet zornig drauflos. Ich bin kein Vater, aber ich weiß, dass solche Erziehungsmethoden nicht taugen. Und tatsächlich, das Gegenteil trifft ein: Es wird noch ein atü schriller, weder der Dreijährige noch der 28-Jährige (?) geben nach. Eine Lawine von Stress fegt jetzt durch den Waggon. Der Vater, dem Aussehen nach wohl Araber, sammelt einen Minuspunkt nach dem anderen. Sein Gesicht bekam inzwischen etwas Hässliches und schwer Unsympathisches.

Da ich mich auf den Tag freue, will ich etwas von meiner Freude hergeben. (Und nicht missmutig die Augen verdrehen.) So erinnere ich mich sogleich an den Bienenstich, den ich vor dem Einsteigen gekauft habe. Und hole ihn heraus und winke damit Richtung Schreihals. Und der Kleine, doch ja, erstarrt, streckt die Hände aus und nimmt das viereckige Ding in Empfang. Und nagt. Und kaut. Stille, Glücksstille. Die Mutter sagt tausendmal »merci«, der Vater sagt es zweitausendmal, und ich sag es auch, eine Art Dankesflüstern an den unbekannten Bäcker. Und das Gesicht des Wütenden wird wieder attraktiv (ein hübscher Kerl, durchaus), er sagt noch, dass ihm das Gebrüll vom Sohnemann peinlich war wegen der anderen Passagiere, ja, irgendwie – irgendwie umständlich – entschuldigt er sich, selbst bei dem Bambino mit den Bröseln um den Mund, streichelt ihm zart über die Mütze, der Knirps schaut ihn an, und die beiden schließen wortlos Frieden.

Ich bilde mir stets ein, dass winzige Handlungen schon reichen – sicher nicht überall und sicher nicht immer –, um die Welt, nochmals Brecht, »wohnlicher einzurichten«. Ohne Pose, eher nebenbei, im Vorübergehen. Keiner muss einem anderen sein Leben opfern, für niemanden sein Konto plündern, ja, sogar seine Schuldgefühle kann er sich sparen.

Aber für Augenblicke von der Anbetung des Egos lassen und etwas teilen, das hebt – jeder hat diese Erfahrung bereits gemacht – die eigene Tagesform. Freundlichkeit sorgt für Wärme. Zudem: Ein waches Herz sieht besser aus als ein verranztes.

Noch zwei Geschichten. Zum Auftauen. Zum Verführen. Als Einladung zur Empathie. Vor einiger Zeit hörte ich einen Bericht über Jutta Lehmann, einst deutsche Friseurmeisterin, jetzt kommt sie mehrmals pro Monat in ein Flüchtlingsheim, um Migrantinnen aus Syrien, aus dem Irak und Afghanistan die Haare zu schneiden.

Was für eine fulminante Idee, denn welche Frau auf Erden will nicht schön aussehen, will sich nicht als Frau fühlen, gepflegt und ansehnlich? Und Juttas Kundinnen dürfen sich wünschen, was sie wollen, sie hat sogar eine Mappe mit Musterfrisuren mitgebracht. Und die Chefin berät und schneidet und kämmt und föhnt. Und ein Mensch – ziemlich allein, ziemlich pleite, ziemlich verstört – spürt, wie sich ein anderer, wildfremder Mensch um ihn kümmert. Das heilt das Unglück nicht, aber es hilft mit, ihm standzuhalten.

Die Meisterin macht Schule, Kolleginnen, ja, Kollegen fragen nun ebenfalls in den Heimen nach. Und legen los.

So ist das mit der Hilfsbereitschaft, sie steckt an. Nicht anders als die Bosheit.

Hier die letzte Szene, sie wird mich nicht verlassen, solange ich atme. Sie gehört in die *Top Charts* meiner hundert innigsten Momente. Dabei war es ein Augenblick ohne *special effects*, ohne Aufsehen, ohne jubelnde Massen. Ich habe ihn einmal erlebt und werde ihn kein zweites Mal erleben. Man kann ihn nicht inszenieren, er muss passieren. Mitten am Tag.

Paris, März 2017, Place de la Nation. Bevor ich das Café erreiche, in dem ich eine Verabredung habe, komme ich an einem *SDF (sans domicile fixe)* vorbei, einem Mann »ohne festen Wohnsitz«. Die Zeiten sind rauer geworden, sogar das romantische Wort *Clochard* wurde abgeschafft. Der Mensch sitzt neben einem Baum, abseits, die Augen halb geschlossen, wohl schwer vom Alkohol. Mir fällt auf, wie schmutzig sein Gesicht ist, ganz offensichtlich hat er die schönen Tage schon eine Weile hinter sich. Ich eile achtlos weiter. Irgendwo spielen Kinder, und zwei Teenies üben mit ihren Skateboards. Aus naher Ferne wehen Stimmen von den Caféterrassen herüber. Die ersten Sonnenstrahlen wärmen.

Aus unerklärlichen Gründen bleibe ich nach etwa zehn Metern stehen und drehe mich um. Und jetzt geschieht es. Ein Halbwüchsiger nähert sich dem Afrikaner (?). Ich erschrecke, sofort fallen mir die Übergriffe rechtsextremer Halunken ein, die im Namen eines »sauberen Frankreichs« Obdachlose verprügeln, ja, noch härter zuschlagen, wenn ein Ausländer daliegt, der nicht der »weißen Rasse« angehört.

Alles wird anders. Der Junge, vielleicht siebzehn, geht in die Hocke, und die beiden reden ein paar Worte miteinander. Dann holt er aus seinem kleinen Rucksack eine Flasche Wasser und eine Packung Papiertaschentücher. Und nun kommt die Geste, die wundersam überrascht und aus ihr einen Moment namenloser Schönheit macht: Der Junge wäscht dem Alten das Gesicht.

Manuel Andrack
Auf dem Land schaffen wir das – über deutsche Markenzeichen

Wandereinkehr in »Schorsch's Panoramahütte« im Oberbergischen Land. Ich bekomme einen Schnellkurs in einem rustikalen Kneipenspiel verpasst. Ein großer Nagel muss mit einem Rohrhammer in einen Holzklotz getrieben werden. Mo, der syrische Migrant, erklärt mir alles. Es ist wahnsinnig schwer, den Nagel einzuschlagen, weil ich mit der Außenkante des Rohrs treffen muss, das ist leider kein normaler Hammer. Diese Hüttengaudi scheint eine oberbergische Spezialität zu sein, in Köln haben wir das nie gemacht. Mo ist deutlich geschickter als ich, er macht es nicht zum ersten Mal. Ich finde es sehr bemerkenswert, dass mir ein Migrant die regionalen Gepflogenheiten erklärt. Eigentlich wollte ich doch umgekehrt einigen Flüchtlingen die deutsche Wanderkultur näherbringen.

HALT! STOPP! Einsatz für Flüchtlingsintegration, widerspricht das nicht dem Zeitgeist? Ist das nicht total altmodisch, Bahnhofsklatschertum in Reinkultur, schlimmstes Gutmenscheln? Aber was genau ist da eigentlich in den letzten Jahren ins Rutschen gekommen? Sind wir jetzt plötzlich alle Pegida, nachdem wir vorher Willkommenskultur waren? Steckt hinter diesen »Stimmungsschwankungen«, wie zuletzt die ZEIT bezweifelte, »tatsächlich ein Wandel im Willen des Volkes« oder »eine echte Verschiebung von Meinungsbildern«? Schauen wir doch noch einmal genau hin, was im September 2015 passierte. Ein gewaltiger Flüchtlingsstrom bewegte sich in Richtung Deutschland, schon in den vorausgegangenen Monaten waren mehr gekommen als in den Jahren zuvor. Zehntausende hatten sich auf den Weg zur deutsch-österreichischen Grenze gemacht. Zu Fuß. Und ich als Wanderer weiß: Wenn man ein Ziel hat, kann einen nichts davon abhalten, es zu erreichen. Angela Merkel hatte zwei Möglichkeiten. Erstens: Grenze dichtmachen (wohlgemerkt eine Schengengrenze, also quasi mehr Negligé als wirkliches Vorhängeschloss), Bundespolizei und Bundeswehr in Alarmbereitschaft setzen, Wasserwerfer, hässliche Szenen, verzweifelte Flüchtlinge, Verletzte, vielleicht Tote. Zweitens: Grenzen öffnen, und zwar sofort, unbürokratisch Hilfe leisten. Wer im so oft beschworenen christlichen Abendland (Hallo, Pegida!) kein Herz aus Stein hatte und noch mal die Flüchtlingsgeschichte von Jesus und seinen Eltern Revue passieren ließ, musste das gut finden. Manchmal hört man, Frau Merkel habe eine Million Flüchtlinge eingeladen, aber das ist populistisches Geschwätz. Ebenso der Vorwurf, sie hätte doch bitte schön erst mal die 27 anderen Regierungschefs der EU befragen sollen. Dann hätten wir bis heute keine Lösung.

Ich habe selbst an einem Tag Anfang November 2015 gesehen, wie Hunderte Flüchtlinge die Grenze zu Deutschland bei Passau überquerten. (Ich bin ein kurzes Stück mit den Flüchtlingen gewandert.) Wie viele dieser Flüchtlinge wirklich gerne wanderten (und sich gerne integrieren lassen wollten), weiß ich natürlich nicht.

Wir hatten uns mittags an der *Tourist Information* im Zentrum von Eckenhagen in der Nähe von Köln getroffen, sind an der Kirche und an Fachwerkhäusern vorbeigegangen. Unser

Wanderführer erklärte den Flüchtlingen, wie erdbebensicher Fachwerk ist. Wie ein Erdbeben ist ja auch der Krieg über Syrien gekommen, sonst wären die Flüchtlinge nicht hier im Oberbergischen an der Grenze zum Sauerland gelandet. Sieben syrische Flüchtlinge nehmen an unserem Ausflug teil. Es hätten mehr sein können, aber viele sind in der Schule oder in Integrationskursen. Dabei machen wir doch auf dem Wanderweg auch einen Integrationskurs, Wanderintegration sozusagen.

Ein älterer Syrer wandert mit, ansonsten sind es junge Männer, Mohammad ist der Jüngste. Mohammad mag seinen Namen nicht, er hört sich »nicht deutsch genug« an. Wir sollen Mo zu ihm sagen, wie auch seine Mitschüler. Mo ist 16 Jahre alt, im Oktober 2015 ist er mit seiner Familie nach Deutschland gekommen. Er hat sechs jüngere Geschwister. Dafür, dass er erst zwölf Monate in Deutschland ist, spricht er ein fantastisches Deutsch.

Wir haben den herbstlich bunten Wald oberhalb von Eckenhagen erreicht. Zwei syrische Mittzwanziger fliehen vor dem matschigen, nassen Weg und gehen an seinem Rand auf dem weichen Moos unter den Fichten. Die beiden erzählen, wie lange sie auf ihrer Flucht gewandert sind. Insgesamt seien sie 30 Kilometer gelaufen. Ich frage: »Ach was, mehr nicht?« – »Nein, so lang!«, antworten sie. Bei der Ein-WANDERUNG der meisten Flüchtlinge waren eher die Verkehrsmittel Bus und Zug gefragt. Anscheinend sind aber die meisten Migranten – seit sie in Deutschland sind – viel per pedes unterwegs. Bis zur Anerkennung als Asylberechtigte zum Nichtstun gezwungen, erkunden sie die neue Heimat zu Fuß. Die Leute von der Flüchtlingshilfe erzählen, sie bekämen per WhatsApp Selfies der Migranten von der Aggertalsperre, da seien sie natürlich hingewandert.

Unser Wanderführer ist der Wastl. Ich kenne ihn von der Wandermesse »TourNatur« in Düsseldorf, er ist Wegemanager im Naturpark Bergisches Land, ein absoluter Wanderprofi. Wastls Eltern kommen aus Berchtesgaden, er hat eben auch einen Migrationshintergrund. Trotzdem ist er durch und durch Rheinländer, er war der erste Karnevalsprinz seines Dorfes. In den letzten Jahren hat er sich immer als Hofnarr verkleidet, der den Leuten in Schönenbach den Narrenspiegel vorhält. Zweihundert Einwohner hat Wastls Heimatdorf. »Seit Kurzem sind es 209«, sagt Wastl lachend, denn seit einem Jahr wohnt eben auch die syrische Familie von Mo in einem Bauernhaus im Ort. Bevor die Flüchtlinge kamen, stellte Wastl zwei Kisten Bier auf den Dorfplatz und rief die Dorfjugend mit WhatsApp zusammen. Er sagte zu den Versammelten: »So, jetzt diskutieren wir mal über Flüchtlinge, ab morgen haben wir nämlich welche.« Dieses Dorfmeeting half schon vorab, Sorgen, Vorbehalte, Ängste abzubauen. Als die Familie von Mo ankam, war sie vom ersten Tag an integriert, das ganze Dorf nahm sie herzlich auf, und so ist das bis heute geblieben.

An einer Wegkreuzung treffen wir auf die gelben Schilder des Bergischen Panoramasteigs, eines Weitwanderwegs mit dem Prädikat eines Qualitätswegs. Wastl ist für die Markierung dieses Wegs (und des Wegs, auf dem wir wandern) verantwortlich. Natürlich hat Wastl auch schon sein »Patenkind« Mo auf eine Markierungstour mitgenommen. Mo zeigt mir stolz auf seinem Smartphone ein Foto von einem wunderschönen Baum am Essener Baldeneysee, an dem er seine erste Wandermarkierung angebracht hat. Wastl ist ehrenamtlicher Sanitätshelfer, also hat er auch Mo zu den Maltesern geschleppt. Er bekommt dort eine Grundausbildung und trägt stolz sein Outfit: grelle Allwetterjacke, feste Wanderstiefel, Arbeitshandschuhe, blauer Pullover. Auf seinem Namensschild lese ich: M. Alamour. Das sei aber nicht sein kompletter Name, der hätte nicht auf den Pullover draufgepasst. Eigentlich heiße er Mohammad Al Ayd Al Amour. Das mit der Amour komme, so wird es in seiner Familie erzählt, vom französischen Ururgroßvater. Immerhin war Syrien mal eine Art französische Kolonie. Mos Ururopa war also ein Liebeseinwanderer nach Syrien.

Wir erreichen mit unserer internationalen Wandertruppe eine Wacholderheide und können im Nebel gerade so die Sträucher erkennen. Kurze Zeit später wandern wir leicht bergan, bis uns ein rot-weißes Flatterband den Weg versperrt. Gekreuzte Warnflaggen und ein rotes Schild weisen auf Holzfällarbeiten hin. Wir vertrauen unserem Gehör: keine Motorsäge zu hören, also keine Gefahr, wir können weitergehen. Wir geben für »unsere« Flüchtlinge kein gutes Vorbild ab. Von wegen Deutsche sind ordentlich und obrigkeitshörig. Mo gesellt sich zu dem älteren Syrer. »Der will wissen, warum der Weg gesperrt ist. Er will immer alles ganz genau wissen, wie ihr Deutschen.« Also wandert Mo neben ihm und erklärt ihm auf Arabisch den Grund der Wegsperrung.

Wir kehren in »Schorsch's Panoramahütte« ein, die Bestellungen werden aufgenommen. Ich erläutere den Migranten, was ein Almdudler ist. Ein alkoholfreies Getränk, sozusagen korankompatibel. Alle bestellen ein Pils. Nachdem ich das beschriebene Nagelklotzduell mit Mo vergeigt habe, stehe ich mit ihm und Wastl an der Theke. Ich erzähle, was sich in meiner Wahlheimat Saarland seit dem Herbst 2015 geändert hat, seit der..., seit der...– mir kommt das Wort »Flüchtlingskrise« nicht über die Lippen, weil Mo neben mir steht. Er ist immerhin Teil der »Flüchtlingskrise«, und ich frage mich in diesem Moment, worin diese Krise eigentlich besteht. Ist es eine Krise, dass so wunderbare Menschen wie Mo jetzt in unserer Mitte leben? Haben wir nichts zu essen, wird der Müll nicht mehr abgeholt, fallen Bomben auf Deutschland? Wo verdammt noch mal gibt es eine Krise?

Wir wandern weiter, und mir kommt der Gedanke, dass vielleicht im ländlichen Raum Flüchtlingshilfe ganz anders als in den Städten klappt. Wenn eine Dorfgemeinschaft funktioniert, dann kann sie auch besser einige Flüchtlingsfamilien integrieren. Ich erlebe das sehr positiv in meinem Heimatort. Der pensionierte Vorsitzende des Pfarrgemeinderats schuftet Tag und Nacht für die Integration der Flüchtlinge in unserem Dorf. Und ein in Deutschland geborenes Flüchtlingskind trägt schon seinen Namen – Alois. Kann man ja auch arabisch schreiben: Al Ois. Man merkt: Auf dem Land schaffen wir das! Und in Eckenhagen wandern wir das.

Wir lassen uns von der märchenhaften Atmosphäre des nebligen, herbstlichen Waldes bezaubern. Während wir gehen, sucht Mo immer wieder den Kontakt. Zu mir, zu anderen Deutschen. Er erzählt gerne, er fragt gerne. Mo verrät mir, er wolle nicht zurück nach Syrien, er will definitiv in Deutschland bleiben.»Meine Zukunft ist hier.« Er besucht die Gesamtschule, nächstes Jahr möchte er eine Ausbildung zum Zahntechniker beginnen.

Oha, der junge Flüchtling möchte eine Ausbildung zum Zahntechniker machen. Ist das denn okay? Nimmt der Mo nicht deutschen, also deutsch-deutschen Jugendlichen den Ausbildungsplatz und später auch noch den Job weg? Man muss aufpassen, denn es gibt auch einen linken Populismus. Und der unterscheidet sich nur in Nuancen vom rechten Populismus. Die Narrative der populistischen Volksverführer ähneln sich: Dem Land, dem Volk geht es schlecht, sehr, sehr schlecht. Die Ungerechtigkeit wird immer schlimmer. Dagegen kann nur eines helfen: Rückbesinnung auf die Nation – USA, Deutschland, Europa first. Ach, Syrien liegt nicht in Deutschland, noch nicht mal in Europa? Sorry, Mo, kein Platz für dich.

Ich möchte in diesem Zusammenhang ein paar Sätze über die angebliche Ungerechtigkeit in Deutschland verlieren. Auf der Welt geht es nicht gerecht zu, das ist betrüblich. Aber es geht auf der Welt immer gerechter zu, gerechter zumindest als, sagen wir mal, vor 50, aber auch gerechter als vor 25 Jahren. Es gibt immer noch zu viel Armut auf der Welt, zu viele Despoten, aber es gibt laut der Entwicklungsorganisation Oxfam auch eine Erfolgsgeschichte. Eine Erfolgsgeschichte, die unmittelbar mit der Globalisierung und auch, wenn man so will, mit den Segnungen des Kapitalismus zu tun hat. Denn seit 1990 hat sich die Armut weltweit halbiert, über eine Milliarde Menschen gelten nicht mehr als arm. Noch mal als exakte Zahl: 1 000 000 000 Menschen auf diesem Globus haben wahrscheinlich kein tolles Leben, aber ein wesentlich besseres als noch vor 27 Jahren.

Nehmen wir mal Deutschland in den Fokus: In unserem Land leben wesentlich weniger Menschen in ärmlichen Verhältnissen als weltweit. Das Statistische Bundesamt sagt: Es sind genau 4,4 Prozent der Bevölkerung, Tendenz fallend. Das sind 4,4 Prozent zu viel, keine Frage. Aber hoppla, kursieren in den Armutsberichten nicht ganz andere Zahlen? Auf 16,7 Prozent beziffert das Statistische Bundesamt die sogenannten Armutsgefährdeten, Tendenz mal steigend, mal fallend. Dabei handelt es sich um eine relative Armut, denn wer weniger als 60 Prozent des Durchschnittseinkommens im Monat zur Verfügung hat, gilt als arm. Meine studierenden Töchter sind laut dieser Statistik natürlich auch bettelarm. Das heißt: Je besser es dem Land geht, desto schneller gilt man als arm. Merkwürdig? Nein, Statistik!

Aber was ist denn nun mit den himmelschreienden Unterschieden zwischen Arm und Reich, der berühmten Schere, die sich angeblich immer weiter öffnet? Da muss man differenzieren: In den USA trifft dieser Befund zu, in China ebenso, global gesehen auch. Auf Deutschland bezogen, ist die angeblich steigende Ungerechtigkeit ein alternativer Fakt, man kann auch einfach sagen: eine Lüge. Denn es gibt in der Tat interessengruppengesteuerte Umfragen, zum Beispiel vom Deutschen Institut für Wirtschaftsforschung (DIW). Da werden Bruttolöhne verglichen, mit dem Ergebnis: Die hohen Gehälter sind in den letzten Jahren prozentual stärker gestiegen als die niedrigen Gehälter. Anders als zum Beispiel in den USA gibt es allerdings in Deutschland traditionell eine Umverteilung über die gestaffelte Einkommensteuer. Fast kommunistische Verhältnisse. Und siehe da: Wenn man die Nettolöhne betrachtet, wächst die Kluft zwischen Arm und Reich nicht weiter. Zu diesem Ergebnis kommt auch der Armutsbericht aus dem Hause der SPD-Politikerin Nahles. Es gäbe noch andere Parameter (geringe Arbeitslosenquote, immer mehr »normale« Arbeitsverhältnisse, gefühlte Zufriedenheit mit dem eigenen Leben, Anzahl der Urlaubstage, Lebenserwartung), die man auf einen einfachen Nenner bringen kann: Den Deutschen ging es noch nie so gut wie jetzt! So, das bin ich losgeworden. Und weil es, so meine Schlussfolgerung, (fast) allen Deutschen vergleichsweise glänzend geht, ist ein Flüchtling wie Mo eher ein Gewinn als eine Belastung für dieses Land.

Mo sagt während unserer Wanderung: »Ich finde, es gibt überhaupt keinen Unterschied zwischen deutscher und syrischer Kultur, ganz viele Sachen sind gleich. Was es nicht gibt in Syrien, ist Biertrinken.« Es entwickelt sich ein schönes Wandergespräch – nein, nicht über Bier, sondern über das Thema Liebe. Mo ist wirklich ein großer Frauenversteher, da schlagen die französischen Gene durch. Eine Freundin hat er schon, also...fast. »Muss ich noch dran arbeiten. Zwei Monate. Die Mutter von ihr mag mich schon sehr.« Wenn man die Mutter der Angebeteten in der Tasche hat, ist das die halbe Miete. Auch in Sachen Liebe hat sich Mo schon integriert. Oder wurde er von dem Mädchen integriert?

Joachim Gauck hat in seiner Rede zum »Tag der Heimat« gesagt: »...Hilfsbereitschaft und Mitmenschlichkeit gegenüber Verfolgten, Vertriebenen und Entrechteten. Das bleibt unser Markenzeichen.« Da hat der ehemalige Bundespräsident recht. Beweise für deutschen Integrationswillen findet man in der deutschen Geschichte reichlich. Die Preußen haben zuerst die Hugenotten integriert, später die Bayern (ist nicht durchgehend gelungen). Nach dem Krieg wurden Vertriebene, Gastarbeiter und Russlanddeutsche integriert. Warum soll das mit den Flüchtlingen nicht auch gelingen? Die Wanderintegration in Eckenhagen im Bergischen Land hat auf jeden Fall allen großen Spaß gemacht, das soll wiederholt werden. Nur der 16-jährige Mo motzt ein wenig über die vielen Wege, die bergauf führten. Er sagt: »Wandern mit dem Auto finde ich besser.«

Karsten Dusse
Warum ich Populisten gut finde, aber nicht wähle

Was Populisten sind
Populisten sind wie Tennislehrer oder Dorfschlampen: Die meisten Menschen lassen sich nicht aus reiner Verblödung von ihnen verführen, sondern um dem jahrelangen Partner eins auszuwischen – wohl wissend, dass Tennislehrer, Dorfschlampen und Populisten für eine seriöse Beziehung nichts taugen.

So unvorstellbar es für manchen Moralapostel klingen mag: In unserem Rechtsstaat hat jeder Bürger die Wahl, sowohl seine Sexualpartner als auch seine Parteipräferenz so oft zu wechseln, wie er will. Und das ist gut so. Die falsche Wahl zu treffen ist dabei etwas sehr Menschliches. Fragen Sie mal die Exehepartner von Horst Seehofer, Sigmar Gabriel oder Frauke Petry.

Das Blöde ist nur: Den Tennislehrer und die Dorfschlampe ist man im Zweifel nach einer Nacht wieder los. Die Populisten hat man, wenn alles schiefläuft, vier Jahre lang im Bundestag an der Backe. Populisten zu wählen ist also ungefähr so, wie ohne Verhütung fremdzugehen. Das kann kurzfristig Spaß machen, aber auch langfristige Folgen haben. Fragen Sie mal den Horst Seehofer ... aber das sprengt hier das Thema.

Der gehörnte Partner wiederum, egal, ob Mensch oder

Partei, hat auch die Wahl – nämlich, wie er reagiert. Er kann den Nebenbuhlern beleidigt das Bett überlassen. Er kann seinen Expartner als »Pack« beschimpfen. Er kann ihm oder ihr den Mittelfinger zeigen und sich dann – umringt von Bodyguards – zurück ins Wirtschaftsministerium fahren lassen.

Oder er kann um seine Beziehung kämpfen, sich den Problemen stellen und überlegen, ob er selber vielleicht auch irgendetwas falsch gemacht hat. Vielleicht hat er über die Jahre ja tatsächlich das Gespür für die Bedürfnisse des Gegenübers verloren?

So ein Seitensprung kann also als Anregung zum Nachdenken manchmal sogar ganz gut für eine eingefahrene Beziehung sein. Und – man sollte als Verfechter des Rechtsstaates die Größe haben, das einzugestehen – der Erfolg der Populisten hat in Deutschland bereits einige nicht zu leugnende positive Nebeneffekte: Auf einmal interessieren sich die Menschen in Deutschland völlig überraschend wieder für Politik. Politikverdrossenheit und Wahlmüdigkeit galten jahrelang als DIE Gefahr für unsere Gesellschaft. Nichtwähler drohten noch vor vier Jahren unsere Demokratie zu zerstören. Heute zerstören nach Ansicht der etablierten Parteien nur noch die Nicht-mich-Wähler die Demokratie. In Familien, im Freundes- und Bekanntenkreis wird kontrovers politisch diskutiert wie seit Jahren nicht mehr. Mehr Menschen interessieren sich plötzlich für die Asylpolitik als für das Dschungelcamp. Die Menschen gehen für Demonstrationen und Gegendemonstrationen auf die Straße, die Wahlbeteiligung steigt. Viele bislang völlig unpolitische Menschen entwickeln eine eigene politische Haltung – und zwar in jegliche Richtungen. Sie machen sich darüber Gedanken, was ihnen ihr Land und Europa wert sind, und äußern dies auch. Dass unterschiedliche Menschen dabei zu unterschiedlichen Ergebnissen kommen, liegt in der Natur der Demokratie.

Worauf ich keine Lust habe

Ich bin in vielen Dingen mit meiner Beziehung zu etablierten Parteien unzufrieden. Sowohl inhaltlich als auch vor allem personell empfinde ich viele Angebote der etablierten Berliner Parteien als Zumutung. Bei jedem Wahlkampf wird mir immer wieder klar: Was ein Metzger nicht als Wurst mit Gesicht verschenken würde, gehört auch auf kein Wahlplakat.

Der Zweck von Parteien ist auch nicht (anders als der von Metzgereien), dass dort jemand sein gesamtes Berufsleben verbringt und Geld mit »Parteisein« verdient. Parteien haben vielmehr eine verfassungsgemäße Aufgabe zu erfüllen: Sie wirken nach Art. 21 GG bei der politischen Willensbildung des Volkes mit. Eine solche Aufgabe zu erfüllen erfordert Demut und Verantwortungsbewusstsein.

Wenn die etablierten Parteien immer wieder Menschen mit der Kompetenzaura eines Ralf Stegner (SPD), eines Guido Wolf (CDU) oder einer Simone Peter (Die Grünen) mit dieser Willensbildung beauftragen, müssen sie sich nicht wundern, wenn ein Teil des Volkes dann den Willen bildet, lieber gleich einen rechten Halbtagsintellektuellen vom Format des Björn Höcke (AfD) zu wählen. Was dem Siggi Gabriel sein Mittelfinger, ist halt dem Wähler sein Höcke.

Unser Rechtsstaat ist nicht in Gefahr, wenn er von kleingeistigen Populisten angegriffen wird. Unser Rechtsstaat ist in Gefahr, wenn er kleingeistig verteidigt wird.

Die etablierten Parteien sind nicht Opfer der Populisten. Ihr Verhalten ist der Grund für deren Erfolg.

Ich habe keine Lust mehr dazu, am Wahlmorgen trotz Bauchschmerzen mein Kreuz bei einer etablierten Partei zu machen und mir dann am Wahlabend von deren zweitklassigen Wadenbeißern im Fernsehen erklären zu lassen, warum das ein klarer Auftrag für ein »Weiter so« ist.

Ich habe keine Lust, eine der etablierten Parteien zu wählen. Aber manchmal geht es im Rechtsstaat eben nicht um Lust, sondern um Verantwortung. Was unsere Gesellschaft mithilfe der etablierten Parteien über Jahrzehnte aufgebaut hat, ist mir viel zu wertvoll, als es der Dorfschlampe oder dem Tennislehrer zu überlassen.

Ich fühle mich in dem Rechtsstaat, in dem wir leben, sehr wohl. Trotzdem finde ich, dass einige Dinge entstaubt, entrümpelt und renoviert werden müssen. Worauf ich aber überhaupt keine Lust habe, ist, dass mein deutsches oder europäisches Haus von einer ausgemergelten Tine-Wittler-Fehlpressung wie Beatrix von Storch mit einem verrosteten Brecheisen Baujahr 1933 umdekoriert, kernsaniert oder eingerissen wird.

Warum ich verstehen kann, dass Populisten gewählt werden

Wenn andere Populisten wählen wollen, ist das trotzdem in einem Rechtsstaat nicht falsch, denn Falsch und Richtig sind aus gutem Grund keine Kategorien des Rechtsstaates, sondern moralische Wertungen. Es ist in Deutschland schlicht nicht möglich, eine falsche Partei zu wählen. Der Rechtsstaat kennt nur legal und illegal.

Jede Partei, die zur Bundestagswahl zugelassen ist, ist legal. Im Fall von AfD und NPD mit allen damit verbundenen Rechten und deren zwanghaft nationalen Pflichten. Und mit all den kalten Schauern, die einem über den Rücken laufen, wenn man sich diese Klientel live und in Farbe anguckt.

Ich bin stolz auf unsere Gesellschaft, die sich dadurch auszeichnet, immer wieder Brücken zu bauen. Diese Brücken halten es aus, wenn auch aus allen Richtungen Esel kommen, um auf den Brücken zu tanzen.

Unsere Gesellschaft ist nicht schwach. Ganz im Gegenteil. Ich bin stolz auf unsere Grundrechte. Die Menschenwürde, die Gleichberechtigung von Mann und Frau, die Religionsfreiheit, die Meinungs- und Pressefreiheit, das Asylrecht, die Versammlungsfreiheit oder die Rechtsweggarantie haben unsere Gesellschaft stark gemacht. So stark, dass die Versammlungsfreiheit durchaus dazu genutzt werden darf, um für oder gegen das Asylrecht zu demonstrieren. Oder die Meinungsfreiheit, die auch für die öffentliche Erfindung des Wortes »Lügenpresse« verwendet werden kann. Solange dabei keine Straftaten begangen werden, nennt sich das demokratischer Diskurs. Und da punktet in der Regel der, der überzeugt.

Tennislehrer, Dorfschlampen und Populisten können nur dann punkten, wenn etablierte Partner Fehler machen. In Zeiten, in denen ausgerechnet Facebook und Twitter von etablierten Parteien und Medien als Nachrichtenkanäle angesehen und sogar beworben werden, ist leider nichts leichter, als dem Rechtsstaat tatsächliche und vermeintliche Fehler öffentlichkeitswirksam um die Ohren zu hauen. Der Rechtsstaat muss nur einmal falsch gehandelt haben, dann wird das gepostet. Die Populisten hingegen müssen nur einmal etwas Richtiges gesagt haben, dann wird das gepostet.

Das mag man jetzt intellektuell als postfaktisch bezeichnen, aber so funktioniert schon seit Jahrhunderten das Beschriften von Klotüren. Wer den ganzen Tag nur auf dem Klo herumhängt und die selbst bemalte Wand anstarrt, der bekommt halt mit der Zeit ein beengtes Weltbild und glaubt den Scheiß, der da steht.

Solange selbst das gebührenfinanzierte ZDF-»heute-journal« mit seiner hart erworbenen Glaubwürdigkeit das private Milliardenunternehmen Facebook als Nachrichtenkanal adelt, indem es alle Onlinebeiträge mit einem einzigen Klick zur Verlinkung bereitstellt, wird sich an dieser Tragik auch nichts ändern.

Wladimir Putin scheint der Einzige zu sein, der Angela Merkel verstanden hat, als sie das Internet zu Recht als »Neuland« bezeichnete. Leider wird er es dann auch sein, der es abschaltet, nachdem wir uns im Westen in den medialen Selbstmord digitalisiert haben – ohne je zu verstehen, wie dieses Internet überhaupt funktioniert.

In dem Zusammenhang empfinde ich es, ganz nebenbei, als extrem amüsant, dass ausgerechnet eine Klientel, die sich maßgeblich über Facebook und Russia Today informieren und polarisieren lässt, anderen Medien den Vorwurf der »Lügenpresse« macht. Diesen Vorwurf gibt es im Übrigen, seit der erste Höhlenmensch ein Mammut im falschen Maßstab an die Felswand gemalt und sich dafür vom Jäger was vom Fleisch hat geben lassen. Jede Gewichtung verändert die Wahrheit, selbst die banalste. Wenn aus irgendeinem Grund Sendungen vom ZDF-»Frühstücksfernsehen« bis hin zu »Berlin Tag und Nacht« auf RTL2 einen Anteil von Darstellern mit Migrationshintergrund haben, der weit über dem sehr geringen Ausländeranteil von Mecklenburg-Vorpommern liegt, kann diese positive Diskriminierung mit ein Grund dafür sein, dass sich die Menschen ausgerechnet dort von »Ausländern« umzingelt fühlen, wo jenseits des Fernsehers gar keine sind.

Pressefreiheit ist nun mal die Freiheit, sich als Medienverantwortlicher für oder gegen eine realistische Darstellung zu entscheiden. Und von beidem wird in Deutschland reger Gebrauch gemacht. Sich die richtigen und wichtigen Informationen aus dem breiten Angebot herauszufischen mag zwar mühsamer geworden sein, aber es ist immerhin möglich.

Aber zurück zur berechtigten Kritik der Populisten an der Funktionsfähigkeit des Rechtsstaates. Wenn – egal, welches Medium zu spät, zu früh, zu lange oder zu kurz darüber berichtet – vor den Augen des Rechtsstaates Hunderte von Frauen vor dem Kölner Dom sexuell belästigt und sogar vergewaltigt werden können, wenn ein abgelehnter und angeblich überwachter Asylbewerber mit dem LKW auf einem Weihnachtsmarkt Menschen überfahren kann und wenn Terrorverdächtige bei der Polizei Selbstmord begehen können, dann wird der Nachweis des ansonsten funktionierenden Staates in der öffentlichen Wahrnehmung tatsächlich schwierig. Selbst ohne Facebook.

Wenn etablierte Parteien und Medien pauschal von »Flüchtlingen« oder »Zuwanderern« reden anstatt von Asylberechtigten und Nicht-Asylberechtigten, ignorieren sie dadurch rechtsstaatliche Problemlösungen, die das Grundgesetz seit Jahrzehnten vorsieht: »Politisch Verfolgte genießen Asyl.« Mit dem Recht zu bleiben. Dies bedeutet im Umkehrschluss: »Wer nicht politisch verfolgt ist, genießt kein Asyl.« Mit der Pflicht zu gehen.

Diese Unterscheidung sind wir nicht etwa einem betrunkenen Pegida-Demonstranten in Dresden schuldig, sondern vor allem der Menschengruppe der traumatisierten und hilfsbedürftigen Asylberechtigten, die sich auf dieses Grundrecht beruft.

Wenn es für Bürgeramtstermine, Kindergartenplätze und Gerichtstermine Wartezeiten gibt, für Bankenrettungen aber nicht, wenn man für die Unterschlagung eines Pfandbons schneller seinen Job verliert als für eine Vergewaltigung seine Aufenthaltsduldung, dann hat das nicht nur Einfluss auf die subjektive Wahrnehmung, sondern schlicht auch auf die sozial- und rechtsstaatlichen Grundbedürfnisse der Menschen.

Und wenn es erst den Erfolg von Populisten braucht, bis die etablierten Parteien erkennen, dass sie den Staat nicht weiter ausdünnen dürfen, sondern schleunigst wieder aufstocken müssen, dann ist das zwar ein Armutszeugnis für die etablierten Parteien, für den Erhalt unseres Rechtsstaates aber am Ende positiv.

Wenn Menschen gerade aus Sorge um den Rechtsstaat Rechtspopulisten wählen, weil sie sonst keine Möglichkeit sehen, etablierte Parteien aufzurütteln, dann mag das ein gefährlicher Weg sein. Aber es ist ein demokratisch wählbarer Weg zur Verbesserung des Rechtsstaates – sofern sich die etablierten Parteien denn selbstkritisch aufrütteln lassen.

Die Freien Demokraten können ein Lied davon singen. Nach dem fulminanten Wahlsieg 2009 wollte uns die FDP mit Kinderministerimitatoren vom Schlage eines Philipp Rösler oder Daniel Bahr belustigen. Das fanden selbst die FDP-Wähler nicht mehr so komisch, und die FDP flog vier Jahre später nicht nur aus der Regierung, sondern gleich aus dem Bundestag. Jetzt spielen diese Politkarikaturen in der FDP keine Rolle mehr, und die Partei steht vor dem Wiedereinzug ins Bundesparlament.

Ein negativer Wahlausgang kann langfristig durchaus positive Folgen haben.

Warum ich Populisten nicht wähle
Dass ich die Wähler von Populisten verstehen und dem Auftauchen von Populisten Positives abgewinnen kann, heißt allerdings nicht, dass ich die Populisten verstehen kann oder sie selber wählen würde. Aus einem ganz simplen Grund: Die Dorfschlampe ist eine Absprungfreundin. Sie ist ein Anzeichen dafür, dass die alte Beziehung in Problemen steckt. Sie ist jedoch nicht die Lösung dieser Probleme.

Ich halte vieles von dem, was etablierte Parteien veranstalten, für Humbug. Gleichzeitig halte ich vieles, was im Programm der AfD steht, für gar nicht mal so blöd. Und ich würde lieber mit Frauke Petry eine Woche auf einer einsamen Insel verbringen als mit Sigmar Gabriel. Schon alleine, damit die Vorräte reichen.

Trotzdem wähle ich Populisten nicht. Schlicht weil es eine Sache ist, auf Probleme aufmerksam zu machen. Und eine völlig andere, diese Probleme lösen zu können. Diese Kompetenz sehe ich bei Populisten einfach nicht.

Das fängt für mich schon mit unseriösem Patriotismus an. Ich brauche keine Volksvertreter, die albern mit der Flagge meines Landes herumhampeln. Eine Flagge ist ein Hoheitssymbol. Als Marineoffizier der Reserve empfand ich es in meiner aktiven Dienstzeit als Ehre, die Flagge meines Landes bei Betreten meines Schiffes in jedem Hafen der Erde zu grüßen. Eine schlecht gebügelte Flagge in Talkshows zu schleppen oder betrunken auf Marktplätzen zu schwenken ist hingegen Karnevalspatriotismus. Wer es als Kernkompetenz ansieht, gleichzeitig eine Fahne haben und schwenken zu können, ist kein Patriot, sondern besoffen. Und sei es auch nur von sich selbst.

Wer keine Verantwortung trägt, kann unbeschwert das Blaue vom Himmel versprechen. Bei den etablierten Parteien weiß ich, was sie können und was sie vergeigen, bei den Populisten hingegen nicht. Wenn selbst die parlamentserfahrene FDP 2009 nicht dazu in der Lage war, zweistellige Kompetenz entsprechend ihrem Wahlergebnis in den Bundestag zu bringen, traue ich das der AfD erst recht nicht zu.

Ich war einmal in meinem Leben, aus beruflichen Gründen, auf einer Pegida-»Zweigstellen«-Demonstration in Duisburg. Zu dieser Klientel, die im Gegensatz zu den besorgten Protestwählern keinerlei Interesse daran zu haben scheint, dass die etablierten Parteien aufwachen, möchte ich schon aus purer Vaterlandsliebe demokratischen Abstand haben – und sei es nur durch ein Kreuz am Wahlsonntag.

Und dann gibt es da noch Europa

Meine Eltern machen sich Sorgen, dass ihre Enkelkinder heute in einer so unsicheren Zeit des Terrors aufwachsen. Das wundert mich, denn meine Eltern sind beide im Ruhrgebiet groß geworden. Als sie so alt waren wie ihre Enkel jetzt, sind sie über Monate fast jede Nacht von Hunderten von britischen Flugzeugen mit Brandbomben beworfen worden, weil die Generation meiner Großeltern dasselbe zuvor mit London getan hatte. Das war Terror. An diesen Terror erinnern sich aber selbst meine Eltern als direkt davon Betroffene nicht mehr – zumindest nicht bewusst. Dieser Terror wurde durch ein gemeinsames Europa verlässlich unterbunden. Durch das Europa, das Großbritannien dank populistischer Lügen jetzt verlassen will.

Populisten haben Europa nicht sicherer vor Terror gemacht. Im Gegenteil. Die Handvoll Mohamett-Würstchen, die noch nicht mal genug Ausdauer haben, einen Flugschein zu machen, sondern ausgerechnet mit einem Lastwagen in Deutschland Terror verbreiten, sollten vor diesem historischen Hintergrund a) uns keinerlei Angst machen und b) durch ein gemeinsames europäisches Handeln wesentlich effizienter den haarlosen Hintern versohlt bekommen können als durch Kleinstaaterei. Dass die etablierten Parteien dies aus Inkompetenz derzeit nicht schaffen, finde ich schlimm. Noch schlimmer finde ich allerdings die Tatsache, dass die Populisten eine europäische Lösung aus Prinzip gar nicht zu wollen scheinen.

Kein Blatt vor den Mund

Ich habe also Bauchschmerzen, etablierte Parteien zu wählen. Ich will aber auch weder Populisten wählen noch dass meine Stimme verschenkt ist.

Was also tun? Wem die Leistungen der Parteien nicht gefallen, der soll in eine eintreten und die Parteien ändern, könnte man meinen. Man könnte auch in einen Kreisligaverein eintreten, wenn man mit dem Niveau der Fußballbundesliga nicht zufrieden ist. Das dauert allerdings…

Kurzfristig habe ich mich für eine andere Lösung entschieden: Wenn ich widerwillig doch eine etablierte Partei wähle, möchte ich dabei sichtbar zum Ausdruck bringen, dass dies kein Auftrag für ein »Weiter so« ist. Ich will bei meiner Wahl schlicht kein Blatt vor den Mund nehmen.

Und das werde ich auch nicht tun. Stattdessen werde ich auf dem Weg zum Wahllokal – im Herbst 2017 – ein Blatt aufsammeln. Ein einfaches Herbstblatt, das kurz vorher noch an einem Baum gehangen hat.

Ich werde mein Kreuz bei einer etablierten Partei meiner Wahl setzen und dabei das Blatt, eingefaltet in den Stimmzettel, in die Wahlurne schmeißen. Als symbolisches Zeichen dafür, dass ich kein Blatt vor den Mund nehme. Dass der Rechtsstaat sich immer wieder genauso von Altem trennen und sich erneuern muss wie ein Baum, um blühen zu können. Dass ich mit meiner Wahlstimme sagen will: »Nicht weiter so!«

Ich werde eine gültige Stimme abgeben.
Ich werde für eine etablierte Partei stimmen.
Und ich werde dabei kein Blatt vor den Mund nehmen.

Je mehr Menschen dies tun, desto größer der Laubberg, der beim Auszählen der Stimmen entsteht, desto sichtbarer das Zeichen.

Für die Briefwahl eignet sich diese Symbolik leider nicht. Zum einen ist das Blatt dort wesentlich länger unterwegs und kann unter Umständen den Stimmzettel versiffen – was ja nicht Sinn und Zweck der Aktion ist. Zum andern sieht das Bundeswahlgesetz in § 39 I 8 ausdrücklich vor, dass eine

Briefwahlstimme ungültig ist, wenn der Wahlumschlag einen deutlich fühlbaren Gegenstand enthält. Für die Urnenwahl gilt diese Vorschrift – warum auch immer – nicht.

Vielleicht bringt ja die schiere Biomasse bei der Stimmauszählung einen Erkenntnisgewinn der etablierten Parteien – ohne Machtzuwachs für die Populisten.

Und auch wenn mein Blatt für einen Tag ganz alleine in der Urne sein sollte, dann habe ich wenigstens für mich alleine ein Zeichen gesetzt. Und ein besseres Gewissen.

Ich habe ja die Wahl.

Bruno Jonas

Blüh im Glanze dieses Glückes, blühe, deutsches Vaterland

Das Vaterland blüht seit Jahrzehnten im Glanze seines Glückes. Und in diesem Glanze blüht uns im Herbst wieder das Glück einer Bundestagswahl! Diesmal scheint es eine besonders glanzvolle Wahl zu werden, weil – äh, Moment, lassen Sie mich nachdenken –, ja, warum eigentlich? Wegen des immer weiter um sich greifenden Rechtspopulismus vielleicht? Wegen Martin Schulz oder Angela Merkel? – Eher nicht. Dann etwa wegen der Staatsverschuldung? Bricht die EU auseinander? Droht der Weltuntergang, wenn wir die Falschen wählen? Können wir überhaupt die Richtigen verpassen? Es sind doch ein paar Fragen, die ich nicht auf Anhieb beantworten kann. Es könnte an meiner fehlenden politischen Reife liegen, die mir ab und zu attestiert wird. Immerhin so viel weiß ich: Wir leben in der besten aller Demokratien, die man sich vorstellen kann, sagt mein Freund A. mit warnendem Unterton zu mir.

Ich habe gar nicht vor, unsere Demokratie zu diskreditieren, wehre ich mich. Mein Freund A. schaut skeptisch. Ich kenn dich, sagt er, du hast immer was zu meckern. Euch Kabarettisten kann man nichts recht machen!

Das ist wohl wahr. Und so wird es auch diesmal sein. Was soll ich machen, es ist mein Naturell, ich kann nicht anders.

Ich will die Demokratie ja nicht abschaffen, ach woher, ich

frage mich nur, ob in diesem Land wirklich alles so demokratisch zugeht, wie man uns weismachen will. Ich weiß, diese Demokratie ist die beste, die wir auf deutschem Boden je hatten. Sie existiert seit Gründung der Bundesrepublik. Das Grundgesetz trat 1949 in Kraft, und seitdem leben wir mehr oder weniger in Frieden und streben brüderlich mit Herz und Hand nach Einigkeit und Recht und Freiheit, die des Glückes Unterpfand sind. Unsere Glücksordnung ist freiheitlich demokratisch und dem Guten, Wahren und Schönen verpflichtet. Zumindest steht es so in der Präambel des Grundgesetzes. Deshalb ist auch unser demokratisches Wahlsystem gut, wahr und schön. Oder etwa nicht?

Besonders wahr, gut und schön sind unsere demokratischen Parteien, die laut Grundgesetz an der politischen Willensbildung des Volkes mitwirken. Dieser Aufgabe kommen die Parteien, so gut sie können, nach. Und sie wirken nicht nur an der politischen Willensbildung mit, sie haben das Monopol. Eine solche Willensbildung des Volkes ohne die Parteien ist kaum noch möglich. Die Altparteien, wie sie manchmal abfällig genannt werden, haben sich in allen wichtigen Institutionen des Staates festgesetzt. Bundesverfassungsrichter werden nach Parteienproporz berufen, im öffentlich-rechtlichen Rundfunk wird keine leitende Position ohne das richtige Parteibuch besetzt. Überall im Lande, wo es um Einfluss und Macht geht, reden die Parteien mit und machen ihren Einfluss geltend.

Wir haben die Wahl! – Tatsächlich? Wer steht denn zur Wahl? Was wird denn angeboten? Lauter tolle Kandidaten! Die politische Elite wirbt um unser Vertrauen. Für den Bundestag kommen nur die Besten infrage. Logisch! Oder will hier vielleicht einer behaupten, dass auch Luschen im Parlament sitzen? Also bitte! Kein wohlfeiles Politikerbashing jetzt, gell! Wer aufgestellt wird, muss ein strenges Ausleseverfahren überstehen. Die sicheren Listenplätze sind hart umkämpft. Diese Wahllisten stellen die Parteien intern auf. Selbstverständlich treten nur klasse Leute mit einwandfreiem Ruf an, vor allem Beamte, Lehrer, Rechtsanwälte, weniger Handwerker, kaum Arbeiter, aber alle verdienen unser Vertrauen, oder?

Vertrauen? Wie entsteht Vertrauen? Wem kann ich in der Politik vertrauen? Schwierige Frage. Politiker jedenfalls werben mit den verschiedensten Methoden um unser Vertrauen. Sie geben zum Beispiel bereitwillig Auskunft über ihre Herkunft: Familie, Kindheit, Schulbildung. Viele kommen aus »kleinen Verhältnissen«, aus Familien, »wo das Geld zum Leben knapp war und die Mutter putzen gehen musste, um den Kindern eine Zukunft zu sichern«. Solche Geschichten werden vor Wahlen gern erzählt, um uns die Kandidaten als sympathische Menschen »wie du und ich« erscheinen zu lassen. Nicht alle können auf eine solch beklagenswerte Herkunft verweisen. Aber einige schon. Zum Beispiel Martin Schulz, in dessen Familie es immer am Geld fehlte. Schule abgebrochen, Exalkoholiker, kleiner Buchhändler in klitzekleiner Buchhandlung in winziger Stadt namens Würselen. Traurig und großartig! Aber dann wendet sich die Geschichte: Er fängt sich, orientiert sich neu und steigt schließlich zum Bürgermeister von Würselen auf, wo er ein Spaßbad eröffnet (das Pech klebt ihm an den Händen!), um danach von der SPD »nach Europa« als Präsident des Europäischen Parlaments entsandt zu werden. Und weil seine Bescheidenheit grenzenlos ist, will er nun Bundeskanzler werden. Ein wirklich hartes Schicksal, das den armen Martin da heimsucht.

Dagegen hat Angela Merkel mit ihrer Biografie die Arschkarte gezogen. Sie kommt aus einem gut situierten Haus, sie ging zur Oberschule, machte Abitur und studierte Physik, ihr Vater war evangelischer Pastor im real existierenden Sozialismus, ihre Mutter musste auch nicht putzen gehen, um »die Familie über Wasser zu halten«. An dieser Biografie ist nichts prekär, außer man sieht die Lebensverhältnisse in der Deutschen Demokratischen Republik grundsätzlich als prekär an.

Nun werden bei der nächsten Wahl weniger Biografien gewählt als Kandidaten, bei denen es sich selbstverständlich durch die Bank um »in der Wolle gefärbte Demokraten« handelt. Selbst die Kandidaten der AfD würden heftig dagegen protestieren, wenn man sie nicht als demokratisch einschätzen würde. Da es sich bei dieser Partei aber um die »Schande für Deutschland« handelt, wie Martin Schulz und einige andere Sozialdemokraten diese Partei bezeichnen, verbietet sich ein näheres Eingehen auf die Forderungen der AfD von vornherein. Aufrechte und anständige Demokraten, wie es sie vor allem in der SPD gibt, halten die AfD für überflüssig und preisen stattdessen sich und ihre Partei als »Zierde für Deutschland« an. Selbstverständlich ist auch die CDU/CSU eine Zierde für Deutschland. Und die FDP sowieso. Bei den Grünen müssen wir eventuell sogar von einem ökologischen Schmuckstück für Deutschland sprechen.

Dabei müssen wir jedoch einsehen, dass im Wahlkampf die Kandidaten der eigenen Partei immer noch ein bisschen aufrechter und anständiger sind als die der politischen Konkurrenz. Das ist für uns Wähler besonders gut, wahr und auch schön, weil wir immer wählen können zwischen anständigen und hochanständigen Demokraten, die alle nur das Beste für Deutschland, Europa und die Welt anstreben. Einmal mit Obergrenze, einmal ohne, einmal mit Schengen, aber auch ohne, einmal ganz ohne Grenzen, einmal mit, aber immer mit mehr oder weniger Menschenrechten, und alle sind sie für soziale Gerechtigkeit.

An der Gerechtigkeitsfront sind besonders die Genossen der SPD aktiv. Aber auch Frau Merkel will für mehr soziale Gerechtigkeit kämpfen. Die FDP hat ebenfalls die soziale Gerechtigkeit im Angebot – und wenn mich nicht alles täuscht, wollen auch die Grünen, falls sie wieder ins Parlament einziehen sollten, für die soziale Gerechtigkeit eintreten. Selbst die verpönte AfD will mehr soziale Gerechtigkeit durchsetzen. Das beruhigt. Auch für den Frieden wollen alle kämpfen und für die Freiheit. Und für Luft und Liebe sind sowieso alle. Ach ja, für Demokratie wollen auch alle mutig streiten. Hätte ich beinahe vergessen.

Die Wahlkämpfer versprechen also »soziale Gerechtigkeit«! Bin ich extrem dafür! Ich bin mir aber nicht sicher, ob es dafür eine Mehrheit gibt im Land. Würde dieses Wahlversprechen konkret ausbuchstabiert, wären viele davon abgestoßen. Es heißt ja nichts anderes, als dem einen, der zu viel hat, was wegzunehmen, um es dem, der zu wenig hat, zu geben. Das ist im Wahlkampf schwierig, weil immer einer beleidigt ist. Entweder der, dem was weggenommen wird, oder der, der nichts oder zu wenig bekommt. Und der Beleidigte gibt dem politischen Gegner seine Stimme!

Deshalb ist es so wichtig, nicht zu konkret zu werden in den Wahlaussagen. Die Zusammenhänge sind heutzutage eh immer »höchst komplex«. Sieht ganz so aus, als gelte im Wahlkampf eine Obergrenze für konkrete Konzepte. Denn damit haben sie schlechte Erfahrungen gemacht. Wir, die Wähler, könnten uns nach der Wahl daran erinnern. Im Wahlkampf bewegt sich deshalb alles im allgemein Ungefähren, solange damit auch nur eine einzige Stimme ergattert werden kann. Man kümmert sich um die Homoehe für alle – auch für Heteros –, um das Adoptionsrecht für Rentner, um die Transgenderdiagnostik für präimplantierte Veganer, um das staatlich geförderte Einfrieren von körperfremden Eizellinnen und Eizellen in Kombination mit CO_2-reduzierten Samenspendern und -spenderinnen! Die könnten wahlentscheidend sein! Natürlich gewinnt auch der energieeffiziente Islamunterricht für alleinerziehende Ziegenhalter an Bedeutung im Wahlkampf! Und die Mautbefreiung für grenzferne Individualreisende wird auch immer relevanter, genauso der umweltbewusste Mindestlohn für gedeckelte Vorstandsvorsitzende! Ganz oben auf der Agenda steht die Dekonstruktion obsolet gewordener Familienstrukturen, die Inklusion von auffällig gewordenen Politikerinnen und Politikern im ländlichen Raum, Steuererhöhungssenkungen in Verbindung mit der Reichensteuer im Rentenloch plus Förderung der Altersarmut inklusive einer Verkürzung des Langlebigkeitsrisikos und Leben für alle! Ich sehe unseren Demokraten gerne bei ihren Wahlkämpfertänzen zu: Vor – zurück – seit – seit – und Wiegeschritt – einmal drehen – und wieder vor – zurück – seit – seit...

Diese Freiheits- und Gerechtigkeitsspitzentänzer dürfen wir – das Volk – jetzt wählen. Wir sollen fertig gemacht werden für die Wahl, damit wir am Wahltag gut präpariert unsere Stimmen abgeben.

Mein Freund A. riet mir, die folgenden Ausführungen zum Souverän, den »Schulfunk«, wie er das nannte, wegzulassen. Weil ich aber gern recht habe und der erhobene Zeigefinger meine natürliche Körperhaltung ist, kann ich es nicht lassen, zumindest ein paar erhellende Hinweise zum Wahlverfahren zu geben. Wir sind also das Volk, der Souverän. Klingt schon mal sehr bedeutend. Wobei niemand ganz genau sagen kann, wer dieses ominöse Volk eigentlich ist! Es gibt immer wieder ein paar Leute, die laut rufen: »Wir sind das Volk.« Doch allein zahlenmäßig kann das nicht stimmen. Das Grundgesetz bleibt, was die Zusammensetzung des Volkes als Souverän angeht, im Ungefähren. Da steht nur etwas von einem Volk, von dem »alle Staatsgewalt ausgeht« und das das Parlament »in geheimer und freier Wahl« wählt. »Die Bürger wählen die Abgeordneten frei und unmittelbar.« Sensationell, was? So steht es tatsächlich im Grundgesetz! Das Gute, Wahre und Schöne haut auf den Verfassungsputz und glänzt mit einem Fake.

Wenn am Wahlsonntag zwischen 8 Uhr und 18 Uhr im

Wahllokal von mir, einem von vielen wahlberechtigten Staatsbürgern, die Staatsgewalt ausgeht, darf ich mir unheimlich wichtig vorkommen und sogar zwei Stimmen abgeben. Die Erst- und die Zweitstimme. Mit der Erststimme kann ich dem Direktkandidaten meiner Wahl meine Stimme geben und hoffen, dass er direkt gewählt wird, vorausgesetzt, er bekommt die Mehrheit der Stimmen. Aber damit nicht genug, ich habe auch noch eine zweite Stimme. Mit der darf ich eine ganze Partei wählen, was mir ein Gefühl von Macht gibt. Damit mich das nicht überfordert, bieten mir die Parteioberen freundlicherweise eine Liste mit Kandidaten an, die sie in einer Vorauswahl für mich zusammengestellt haben. Abgesichert sind in der Liste natürlich auch jene Kandidaten, die in der Direktwahl – also mit der Erststimme – ihren Konkurrenten unterlegen sind. Diese Loser haben dann, obwohl sie nicht direkt gewählt wurden, über die Liste trotzdem ihren sicheren Platz im Parlament. Andernfalls müssten wir auf dieses Spitzenpersonal verzichten, was bestimmt schade wäre. Mit dieser ausgeklügelten Methode steht die Hälfte der Abgeordneten schon vor der Wahl fest. Diese Vorgänge sind selbstverständlich alle superdemokratisch und deshalb wiederum gut, wahr und schön! Ein mögliches Verwählen seitens des Volkes wird durch das Listenwahlrecht ausgeschlossen. Wichtig ist vor allem, dass wir wählen und den Abgeordneten für vier Jahre eine Generalvollmacht erteilen, damit sie uns frei und demokratisch nach ihrem Willen regieren können.

Also gehen Sie bitte zur Wahl! Sie können nichts falsch machen. Und wenn wir uns mit der Abgabe unserer Stimmen entmachtet haben, setzen wir uns vor den Fernseher und warten auf die erste Prognose, die meistens dem Wahlergebnis entspricht. Wahlexperten werden uns dann am Wahlabend mit vielen bunten Grafiken erklären, wie wir gewählt haben und welche Probleme wir mit dem Ergebnis den

Parteien bereitet haben. Die mit der frisch ausgestatteten Macht gewählten Vertreter des Volkes werden sich brav bei uns bedanken und versprechen, eine Regierung zu bilden, mit der sie dann wieder in aller Ruhe vier Jahre lang weiter das Vaterland zum Blühen bringen. Einigkeit und Recht und Freiheit sind des Glückes Unterpfand. Blüh im Glanze dieses Glückes, blühe, deutsches Vaterland.

Lamya Kaddor
Hass ist keine Meinung

Schon als junge Islamwissenschaftlerin an der Universität, direkt nach Anbruch des Post-9/11-Zeitalters, bemerkte ich, wie das Internet den Hass, der sich in der Welt ausbreitet, verstärkt – ähnlich wie ein Megafon die Schlachtrufe bei einem Aufmarsch von Rechtsradikalen. Freilich ist Hass viele Tausend Jahre älter als die Anschläge in den USA am 11. September. Er ist so alt wie der Mensch selbst. Der Unterschied ist nur, dass der erste Kanal, durch den sich dieser Hass heute seinen Weg bahnt, in der Regel das Internet ist. Hier schaukelt sich der Hass hoch. Hier werden Gewaltfantasien geboren und potenzielle Opfer ausgemacht. So wie die Erfindung des Buchdrucks im 16. Jahrhundert nicht nur die Verbreitung der positiven Errungenschaften eines Reformators wie Martin Luther befördert hat, sondern auch dessen Hasstiraden auf Juden und Türken mit entsprechenden Folgen, verstärkt das Internet sowohl gute als auch böse Entwicklungen in unserer Gesellschaft.

Es ist nicht so, als ob diese Problematik nicht bekannt wäre. Die Themen Hasskommentare und Hasskriminalität haben es spätestens 2016 auch in die breite öffentliche Wahrnehmung geschafft. Und es ist auch nicht so, als hätten wir bisher keine Erfolge im Kampf dagegen erzielt. Als verharrten wir im Stillstand. Als könnte nach wie vor jeder in die reale oder in die virtuelle Welt schreiben, was immer er will, mit Begründungen wie »Das wird man ja wohl noch sagen dürfen«, »Wir haben ja schließlich Meinungsfreiheit«. In den vergangenen Monaten gab es so manche Gerichtsurteile, öffentliche Debatten, ministeriale Vorstöße, die klarstellen: Ja, wir haben das äußerst wichtige Rechtsgut der Meinungsfreiheit, aber es kennt Grenzen. »Diese Rechte finden ihre Schranken in den Vorschriften der allgemeinen Gesetze, den gesetzlichen Bestimmungen zum Schutze der Jugend und in dem Recht der persönlichen Ehre.« So formuliert es dasselbe Grundgesetz in demselben Artikel 5, in dem es auch das Grundrecht auf Meinungsfreiheit garantiert. Zum Beispiel Volksverhetzung und Beleidigung sind tabu. Die Würde eines Menschen ist zu beachten. Auch im postmodernen Internetzeitalter gelten diese Regeln des Umgangs miteinander. Selbst in harten diskursiven Auseinandersetzungen im Netz müssen wir uns beschränken. Wer in den Achtzigerjahren einem anderen Menschen seine Beleidigungen und seine Gewaltfantasien nicht ins Gesicht brüllen durfte, sondern seine Emotionen kontrollieren und seine Faust in der Tasche ballen musste, der darf auch heute nicht zügellos sein, nur weil es inzwischen das Internet gibt.

Im bayerischen Wunsiedel wurde ein 54-jähriger Ladenbesitzer wegen Volksverhetzung zu einer Geldstrafe verurteilt, weil er im Schaufenster ein Schild aufgestellt hatte, auf dem stand: »Asylanten müssen draußen bleiben.« Daneben prangte das Bild eines Hundes.

In einem anderen Fall verurteilte das Landgericht Würzburg einen vorbestraften Mann sogar zu einer Freiheitsstrafe von einem Jahr und sechs Monaten. Er hatte in Hasspostings bei Facebook unter anderem über die Bundeskanzlerin Angela Merkel geschrieben: »An die Wand stellen und standrechtlich erschießen wegen Verrat am deutschen Volk.«

Ein großer Autokonzern kündigte einem 17-jährigen Lehrling, weil dieser auf Facebook unter dem Foto eines kleinen Flüchtlingsmädchens, das sich bei einer Freizeitaktion der Freiwilligen Feuerwehr über eine Wasserdusche in sommerlicher Hitze freut, schrieb: »Flammenwerfer währe [sic] da die bessere Lösung.«

Eine Mitarbeiterin der Arbeiterwohlfahrt – ausgerechnet – beschwerte sich über zu viele Ausländer und jubilierte ebenfalls auf Facebook: »Dank meiner medizinischen Ausbildung wird bei mir keiner überleben.« Ihr Arbeitgeber gab öffentlich arbeitsrechtliche Konsequenzen bekannt und erstattete wegen der angedrohten Straftat Anzeige.

In Leipzig verlor ein Mann seinen Job bei einem Logistikunternehmen, weil er den Tod von Hannes S., einem Fan des 1. FC Magdeburg (FCM), mit folgenden Worten kommentiert hatte: »Hoffentlich hatte Hannes schmerzen bevor er verreckt ist und allen FCM fotzen wünsche ich nach diesem unverdienten Sieg dasselbe Schicksal TUHDFCM [Tod und Hass dem FC Magdeburg].«

Zusammenleben in einer Gesellschaft kann nur mit gemeinsamen Regeln funktionieren. Anarchie geht weder auf der Straße noch im Netz. Und langsam scheint sich der Gedanke durchzusetzen, dass wir diese Entwicklungen kontrollieren müssen. Und das ist gut so: Bundesminister erhöhen den Druck auf Internetkonzerne wie Facebook oder Twitter. Sie stellen Forderungen und kündigen verschärfte Gesetzesauflagen an, sollten die Unternehmen nicht handeln. Medien schreiben darüber, Kulturschaffende und Wissenschaftler haben sich des Phänomens angenommen. Auch hier gibt es Erfolge: 2016 vereinbarten CDU, SPD und Grüne in Sachsen-Anhalt in ihrem Koalitionsvertrag, dass sie eine eigene Polizeieinheit aufbauen wollen, bei der die Beamten virtuell auf Streife gehen, um Hasskriminalität im Internet zu bekämpfen. Wirtschaftsinformatiker der Uni Halle-Wittenberg haben ein Computerprogramm entwickelt, das Hasskommentare etwa unter Zeitungsartikeln erkennen und sogar die Gruppe identifizieren kann, gegen die sich die Hetze richtet, obwohl sie gar nicht explizit genannt wird, wie beispielsweise in dem Satz: »Man sollte sie alle erschießen!« Facebook hat eigens Mitarbeiter eingestellt, um Kommentare besser und schneller zu prüfen und gegebenenfalls zu löschen.

Also alles paletti? Alles gut?

Neulich bekam ich diese Zuschrift: »Deutsch wird Deutsch bleiben. Und Ihr werdet brennen, so wie jene gebrannt haben! Die Baracken stehen noch.« Die Zuschrift kam von der E-Mail-Adresse muslime-ins-gas@zyklon-b.de. Postwendend leitete ich sie an die Polizei- und Justizbehörden weiter. Ein paar Wochen gingen ins Land, dann flatterte mir das Schreiben der Staatsanwaltschaft ins Haus: Die Ermittlungen zu der Zuschrift mit den wiederbelebten Vernichtungsfantasien der Nazis seien eingestellt worden, hieß es. Ein Täter habe nicht ermittelt werden können. Ein Vorgang, wie ich ihn selbst zur Genüge kenne und wie er in Deutschland tagtäglich unzählige Male vorkommt.

Kein Grund, das hinzunehmen. Die Domain zyklon-b.de wurde nicht von obskuren Gestalten in einem entlegenen Teil der Erde vergeben. Sie wurde bei einer GmbH in Köln erstellt. Nun bin ich weder IT- noch Rechtsexpertin. Aber kann ein solcher Vorgang wirklich wahr sein? Ich finde: Nein. Die Staatsanwaltschaft hat recherchiert und Hintergründe offengelegt. So weit, so gut. Aber offenbar reicht das nicht aus, um die Täter zu überführen – und das kann eine Gesellschaft nicht dulden. Selbst wenn es also durchaus Fortschritte im Kampf gegen den Hass gibt, sie kratzen allenfalls an der Oberfläche. Und das ist gefährlich. Denn persönliche Angriffe von Hassmailschreibern sind das eine. Noch gravierender aber ist, dass auch Terroristen den Freiraum im Internet nutzen, um Verschwörungen und Anschläge zu planen.

Wir werden also nicht darum herumkommen, uns noch intensiver Gedanken darüber zu machen, wie wir das in den Griff bekommen. Wenn die Justiz am Ende ist, müssen Politik und Wissenschaft ran. Die Wissenschaft muss Techniken entwickeln, um Verschleierungen von Internetverbindungen besser aufspüren und die heutige Datenflut – Stichwort Big Data – besser beherrschen zu können. Es darf nicht sein, dass sich Kriminelle hinter der schieren Masse von Daten bei WhatsApp oder Facebook verstecken können, weil die Sicherheitsbehörden weder die nötigen technischen Mittel noch die Manpower haben, um diese Datenmengen auszuwerten. Nach den fürchterlichen islamistischen Anschlägen in Europa 2015 und 2016 haben wir uns alle gefragt: Wie kann das sein? Warum haben die Geheimdienste sie nicht verhindern können? Ein Grund dafür sind solche technischen und strukturellen Mängel.

Es darf ebenso wenig sein, dass man Narrenfreiheit genießt, nur weil ein Server irgendwo im Ausland steht – in Russland, China oder Panama. Und es kann auch nicht sein, dass deutsche Ermittler hilflos vor Global Playern mit Hauptsitz in verbündeten Staaten wie den USA stehen, wenn sich solche Unternehmen einfach weigern, Daten ihrer Nutzer herauszugeben.

Ich führe hier kein Plädoyer für einen leichtfertigen Eingriff in private Daten. Aber unter ähnlichen Umständen, die es Beamten in Deutschland erlauben, in eine Privatwohnung einzudringen, um diese zu durchsuchen – nämlich nach einem richterlichen Beschluss –, muss auch die Herausgabe von Daten nach einem richterlichen Beschluss möglich sein. Das zu realisieren ist Aufgabe der Politik. Weder islamistische Terroristen noch nationalistische Extremisten sollen die gegebenen Lücken im System nutzen können, um Menschen zu töten, zu schädigen oder die Gesellschaft immer weiter zu polarisieren und in Richtung gewaltsame Auseinandersetzungen zu treiben. Es ist die ureigene Aufgabe von Politik, die Bürger eines Staatswesens zu schützen. Ich erwarte, dass unsere Politik mit Engagement und Hartnäckigkeit daran arbeitet.

Nun könnte man sich auf den Standpunkt stellen: »Hasskriminalität ist doch vor allem ein Onlineproblem. Dann soll man eben nicht online sein, keine Sozialen Medien nutzen. Das Aufheben, das darum gemacht wird, hat doch mit der Lebenswirklichkeit der meisten Menschen in Deutschland nichts zu tun.« Solche Haltungen sind nachvollziehbar. Das Internet ist für viele in Deutschland tatsächlich »Neuland«, wie die Bundeskanzlerin Angela Merkel es einst gesagt hat und dafür von Digital Natives verspottet wurde.

Man muss sich bewusst machen: Das Internet, so wie wir es kennen, ist jünger als die deutsche Einheit. Wir alle wissen nicht, was es mit uns, unserem Leben, unserer Gesellschaft macht. Wie es was und auf welche Weise verändert. Auch Wissenschaftler sind nicht sonderlich viel weiter. Ihre Vermutungen sind allenfalls fundierter. Zwanzig Jahre Internet sind prinzipiell viel zu wenig Zeit für eine Beurteilung. Wir können nur erste Dinge erahnen. Zum Beispiel, dass der Hass aus dem Netz ins reale Leben überschwappt und wir beide Welten nicht mehr gänzlich voneinander trennen können. Die Vorstellungen einer Bewegung wie Pegida gab es schon lange bevor deren Anhänger sie auf die Straße getragen haben. Im Internet waren ihre Ideen schon seit Jahren nachzulesen. Auch im alltäglichen Umgang kann jeder Einzelne zunehmende Ruppigkeit, Empörung und Enthemmung beobachten. Die Umgangsformen im Internet und speziell in den (A)Sozialen Medien scheinen ihren Weg in den echten Alltag längst gefunden zu haben. Aus einem lapidar hingeposteten Wutausbruch kann schnell bitterer Ernst werden.

In dieser Hinsicht bin ich ein gebranntes Kind, da mich dieser Hass und seine Folgen im Alltag schon seit Jahren selbst treffen. Anfangs waren es vor allem die Islamisten und islamischen Fundamentalisten, die mich wegen meiner liberalgläubigen Haltungen angefeindet und bedroht haben. Sie tun es immer noch, aber inzwischen haben Rechtsradikale und Deutschomanen sie längst überholt.

Deutschomanen? Diesen Begriff habe ich geprägt für jene, die sich nach außen rechts- und verfassungstreu geben, diese Rechte aber im Grunde nur solchen Menschen zugestehen wollen, die sie als deutsche Volksgenossen anerkennen. Das betrifft heute nicht mehr nur klassische Rechtsradikale. Deutschomanen finden sich in allen politischen Lagern – von links bis rechts. Für solche Leute spielt nicht mein Handeln als eine rechtsfähige Person die Hauptrolle, sondern das, was sie in mir sehen wollen, weil meine Eltern in Syrien geboren wurden, mein Glaube islamisch ist und ich mich trotzdem als Deutsche verstehe und auch darauf poche.

Ich wurde in diesem Land geboren, sozialisiert und bin deutsche Staatsbürgerin. Mithin habe ich nicht einen Deut weniger Rechte und Pflichten als jemand, dessen Familie seit 100 Jahren, seit 200 Jahren, seit 400 Jahren oder mehr in Mitteleuropa angesiedelt ist. Genau das mache ich in meinem Buch »Die Zerreißprobe. Wie die Angst vor dem Fremden unsere Demokratie bedroht« deutlich, das im Herbst 2016 erschienen ist. Es ist ein Plädoyer für Demokratie, Vielfalt und das Ernstnehmen unserer Verfassung, unseres Grundgesetzes. Ein Aufruf zum Leben und Lebenlassen. Aber auch ein Appell dafür, gegen den Hass vorzugehen, der Unschuldige trifft, nur weil sie einer bestimmten Gruppe zugeordnet werden. Dabei weise ich darauf hin, dass auch »Alteingesessene« eine Bringschuld haben. Diese Bringschuld ergibt sich zum Beispiel aus der Geschichte der Einwanderung und besteht primär darin, Menschen, die weniger »alteingesessen« sind und sich als Teil dieses Land verstehen, anzuerkennen.

Im Grunde gibt das Grundgesetz, das uns seit fast siebzig Jahren Frieden und Wohlstand sichert, genau das mit anderen, weiseren Worten wieder, doch für einen Teil meiner Mitbürger ist das unerträglich – und zwar nur, weil sie mich als Fremde sehen wollen. Im Ergebnis katapultierte »Die Zerreißprobe« den Hass auch für mich mit meinen »Vorerfahrungen« noch einmal in eine neue Dimension: Bereits vor der Veröffentlichung mit Beginn des ersten Vorabdrucks brach über Post, Internet, Soziale Medien und E-Mails eine Flut von Schmähungen über mich herein. Beschimpfungen und Anfeindungen bis hin zu Morddrohungen wurden so massiv, dass ich gezwungen war, mich von meiner Berufstätigkeit als Religionslehrerin an einer Sekundarschule im nordrhein-westfälischen Dinslaken vorübergehend beurlauben zu lassen. Bis heute ist unklar, ob ich jemals wieder anfangen kann. Derzeit kann ich jedenfalls nicht mehr regelmäßig an einem bestimmten Ort auftauchen, ohne Angst vor Übergriffen haben zu müssen. Die Schule, an der ich arbeite, ist seit Jahren öffentlich bekannt. Es wäre ein Leichtes, mich zum täglichen Schulbeginn oder zum täglichen Schulschluss abzufangen. Meine Kollegen und meine Schüler könnten in gefährliche Situationen hineingezogen werden. Ein ständiger Personenschutz im Berufsalltag ist weder möglich noch praktikabel. Lediglich jenseits der Schule kann ich meinen üblichen Tätigkeiten nachgehen, da es keine vergleichbare Regelmäßigkeit und Bindung an einen bestimmten Ort gibt. Wenn ich derzeit jedoch bei Vorträgen, Lesungen oder Diskussionen auftrete, sind die Veranstalter und ich gezwungen, gewisse Sicherheitsvorkehrungen zu treffen. Und das alles nur, weil ich darauf bestehe, ein gleichwertiger Teil dieses Landes zu sein, und das auch öffentlich sage.

Wie halten es Bürger, die solche Fälle wie meinen ermöglichen, mit Demokratie, Rechtsstaat und dem Grundgesetz? Bei Zuwanderern fällt es leicht, diese Frage zu formulieren. Wir müssen sie aber offenkundig auch jenem Teil der »alteingesessenen« Bevölkerung stellen, der primär völkisch denkt. Und das gilt nicht nur für die »üblichen Verdächtigen«. Es gibt auch Intellektuelle, Journalisten, Politiker und Wissenschaftler, also mehr oder weniger hochgebildete Menschen, die im tiefsten Inneren nicht in der Lage oder nicht willens sind, jemanden wie mich als gleichwertige Bürgerin in diesem Land anzusehen. Auch solche Menschen befeuern die Hasskampagnen gegen mich – bewusst oder unbewusst.

Durchaus renommierte Leute wie der *Welt*-Autor Henryk M. Broder oder der frühere Chefredakteur der *Wirtschaftswoche*, Roland Tichy, schrieben beispielsweise Texte oder ließen sie schreiben, in denen ich als »genuin dumm« beleidigt und nahezu mein komplettes Berufsleben als Fake verleumdet wurde. Man sprach mir ab, Lehrerin zu sein, man sprach mir gar ab, einen Studienabschluss in Islamwissenschaft zu haben. Die erste Flut an Hasszuschriften wurde hämisch mit Links versehen zu ebenjenen Texten dieser Publizisten und denen der von ihnen protegierten Autoren auf als »konservativ« bezeichneten Blogs wie »Die Achse des Guten« und »Tichys Einblick«. Es lässt sich in diesem Fall somit ganz gut zuordnen, von wem die Hater glauben, Rückendeckung und Legitimation zu bekommen.

Die Urheber der Texte nennen sich oft Journalisten und lassen doch jede journalistische Pflicht zum Prüfen von Informationen vermissen. Jede noch so absurde Behauptung aus dem Netz über mich wird zusammengeklaubt, verdreht und zu neuen Vorwürfen zusammengebunden. Kritische Auseinandersetzungen anderer mit meiner Arbeit werden bis zur Unkenntlichkeit überspannt und verzerrt. Persönliche Verbindungen werden konstruiert, um mich zu desavouieren. Fünf Schüler hätten sich in meinem Unterricht radikalisiert und seien zur Terrororganisation IS gegangen, hieß es. Ich sei also in Wahrheit gar nicht liberal eingestellt, sondern eine verkappte Fundamentalistin. Dabei waren die fünf zum Zeitpunkt ihrer Radikalisierung längst nicht mehr in meinem Unterricht, sie waren sogar nicht einmal mehr auf meiner Schule, sondern hatten bereits ihren Abschluss gemacht. Ich hatte sie also lange Zeit vorher einmal pro Woche für eine Unterrichtseinheit unterrichtet. Das alles steht ausführlich in meinem vorangegangenen Buch »Zum Töten bereit. Warum deutsche Jugendliche in den Dschihad ziehen«. Aber was zählen schon die Fakten, wenn es um Stimmungsmache geht?

So funktioniert »Argumentation ad hominem 2.0«. Wessen Meinung nicht ins eigene Weltbild passt, dessen Person muss auseinandergenommen, fertiggemacht werden. Erst wenn jemand im Staub liegt und nicht mehr muckst, lassen sie vielleicht ab. Das klingt hart, doch so fühlt es sich an, wenn man im Internetzeitalter im Fokus von Hatern steht. Und wer sich hinstellt und solche Exzesse öffentlich anprangert, muss damit rechnen, als »Heulsuse« verspottet und noch weiter publizistisch angegangen zu werden. Regina Mönch etwa warf mir prompt in der *FAZ* vor, ich könne mit Kritik nicht umgehen. Hassbotschaften und Morddrohungen als legitime Kritik…? Wie bitte?

Wir als Gesellschaft dürfen uns so eine Entwicklung nicht gefallen lassen. Denn nicht nur ich mache diese Erfahrungen. Bürgermeister, Mediziner, Rechtsanwälte, Pfarrer, Wissenschaftler, Mitarbeiter von Hilfsorganisationen, Ehrenamtliche mit und ohne Migrationshintergrund – es kann jeden treffen, der sich in den Augen der Hater schuldig macht, weil er etwas vertritt, das sie hassen, oder weil er etwas personifiziert, das sie hassen.

Es gäbe gewiss viele Möglichkeiten für die Politik, Maßnahmen gegen den Hass auf den Weg zu bringen. Ich kann sie nicht alle anführen, weil ich sie auch selbst gar nicht alle kenne. Aber auf eine alte Forderung, die den Umgang mit Islamfeindlichkeit betrifft, möchte ich doch eingehen. Islamfeindlichkeit bezeichnet eine Form von gruppenbezogener Menschenfeindlichkeit. Wer sich islamfeindlich äußert, den kann man in der Regel »nur« wegen Beleidigung oder Volksverhetzung anzeigen, nicht aber wegen Islamfeindlichkeit. Es gibt keinen eigenen Straftatbestand »Islamfeindlichkeit«, es gibt nicht einmal einen Straftatbestand »Antisemitismus«. Nun, das sollte es auch nicht geben. Zu Recht würden permanent andere Gruppierungen, die mit Anfeindungen konfrontiert sind, fragen: »Und was ist mit uns?« Aber ich denke, es ist höchste Zeit, ernsthaft in Erwägung zu ziehen, zum einen den Sammelbegriff für all das, nämlich Hasskriminalität, in unserem Strafrecht zu verankern und zum anderen das Phänomen der modernen »Islamfeindlichkeit« – manche nennen es auch »Islamophobie« – in diesem Kontext juristisch und wissenschaftlich genauer zu definieren und damit zu etablieren.

Kürzlich kommentierte jemand auf Facebook einen Post mit folgender Aussage: »Der Islam lehrt, der Islam lehrt ... Der Islam leert vor allem das Hirn.« Ist diese Aussage islamfeindlich? Wenn wir dem Soziologen Wilhelm Heitmeyer folgen, dann muss folgendes Kriterium vorhanden sein, um gruppenbezogene Menschenfeindlichkeit zu konstatieren: Das Feindschaftsverhältnis besteht in Bezug auf eine Gruppe und nicht auf eine Einzelperson. Die Auswirkungen dieses

Verhältnisses schlagen sich entwürdigend auf die betroffenen Personen nieder. Ferner beschreibt Heitmeyer das Phänomen im Rahmen seiner Studie »Deutsche Zustände« im Jahr 2005 wie folgt: »Islamophobie bezeichnet die Bedrohungsgefühle und die ablehnenden Einstellungen gegenüber der Gruppe der Muslime, ihrer Kultur und ihren öffentlich-politischen wie religiösen Aktivitäten.«

Aus meiner Sicht sind damit die Kriterien und Bedingungen erfüllt, um die Aussage über den hirnleerenden Islam auf Facebook als islamfeindlich zu belegen. Doch ist diese Person damit auch islamfeindlich oder nur ihre Aussage? Klar ist, dass es nicht bei der einen islamfeindlichen Aussage blieb. So führte besagte Person beispielsweise aus, die Muslime seien von Minderheitenrechten besessen, obwohl es in allen muslimischen Ländern keine Minderheitenrechte gebe. Dies stimmt natürlich so nicht, hier muss differenziert werden. Doch ebendas ist auch ein Kennzeichen von gruppenbezogener Menschenfeindlichkeit: die Unfähigkeit, der Unwille, zu differenzieren und die Wahrheit zu sagen.

Die Aussagen dieses Mannes auf Facebook sind vermutlich durch die Meinungsfreiheit geschützt. Ab wann Äußerungen tatsächlich justiziabel sind, hängt vom Einzelfall ab. Das kann ich nicht beurteilen. Das ist Aufgabe von Staatsanwaltschaften. Ob derartige Bekundungen über »den« Islam oder »die« Behinderten oder »die« Lehrer im Zweifelsfall schneller justiziabel sein sollten, als sie es heute sind, müssen wir als Gesellschaft mit der Politik ausdiskutieren. Ich meine, ja! Sie sollten schneller justiziabel sein und vor allem zu Strafverschärfungen führen!

In den USA machen es Politik und Justiz vor: Der Bundesstaat Louisiana hat 2016 das erste Gesetz im Land erlassen, wonach Angriffe auf eine bestimmte Berufsgruppe – in diesem Fall Polizisten – auch unter dem Aspekt der »hate crimes« bewertet werden sollen. Die Organisation für Sicherheit und Zusammenarbeit in Europa (OSZE) zum Beispiel wirbt schon seit Langem für »Gesetze gegen ›hate crime‹«. 2011 wurde hierzu »Ein praktischer Leitfaden« veröffentlicht. Darin heißt es: »Verbrechen, die durch Intoleranz gegen bestimmte Gruppen in der Gesellschaft motiviert sind, werden als ›hate crimes‹ beschrieben. Solche Verbrechen haben das Potenzial, Gesellschaften zu spalten sowie Zyklen von Gewalt und Gegengewalt auszulösen. Daher ist eine harte Antwort auf solche Verbrechen notwendig.«

Das kann ich nur unterstreichen. Wenn es auf der Grundlage des Strafrechts für eine Verurteilung ausreicht, muss sich das Strafmaß entsprechend erhöhen, wenn es sich bei der Tat zusätzlich um Hasskriminalität handelt. Die OSZE argumentiert: »Wenn ›hate crimes‹ wie andere Delikte behandelt und nicht als eine besondere Verbrechenskategorie begriffen werden, so werden sie oft nicht richtig bearbeitet. Dies kann sich auf verschiedene Weisen manifestieren: Ermittler, die dem Opfer misstrauen oder es versäumen, Beschuldigungen bezüglich eines Vorurteilsmotivs richtig zu untersuchen; Staatsanwälte, die bei der Wahl der Anklagepunkte das Delikt bagatellisieren; und Gerichte, die es versäumen, ihre Befugnisse anzuwenden.«

Wenn wir uns nicht bemühen, dem mit aller Kraft einen Riegel vorzuschieben, ist nichts weniger als unsere Demokratie in Gefahr. Und das betrifft dann wirklich alle Menschen in diesem Land, nicht nur Minderheiten.

Von den praktischen juristischen Erwägungen abgesehen, wäre auch der symbolische Wert einer Einführung von Gesetzen gegen Hasskriminalität wichtig. In die Gesellschaft würde das Signal gesendet, Verbrechen, die aus Vorurteilen heraus begangen werden, gelten als besonders verwerflich. Durch ein Botschaftsverbrechen wird nicht nur dem einzelnen Opfer direkt Schaden zugefügt, sondern auch der Gruppe, der das Opfer angehört und die durch das Verbrechen ebenfalls getroffen werden soll. Mitglieder dieser Gruppe werden in Angst versetzt, als Feind markiert und somit einem höheren Risiko ausgesetzt, selbst unmittelbar Opfer zu werden. Eine gesetzliche Verankerung von Hass- und Vorurteilsdelikten würde einen präventiven Charakter ausspielen und könnte dazu beitragen, dass künftige Verbrechen dieser Art nicht begangen werden.

Wir müssen dagegenhalten – in der Realität wie auch in der Virtualität. Die eingangs geschilderten rechtlichen Konsequenzen für die Hater und die beruflichen Auswirkungen sind bereits wichtige Signale in die Gesellschaft, dass es so nicht weitergehen kann. Ich alleine musste nach der Veröffentlichung von »Die Zerreißprobe« mehr als 150 Strafanträge stellen. Und das sind nur Fälle, in denen eine Verurteilung aufgrund der Schwere der Tat nach Einschätzung von Experten zumindest möglich erscheint. Infolge dieser 150 Strafanträge wurden mehrere Täterinnen und Täter ermittelt beziehungsweise identifiziert, die anonym agiert haben. Es gab Razzien in Privatwohnungen. Nun nimmt das Ganze seinen juristischen Lauf.

Aber jenseits von Behörden und Politik: Auch wir als Gesellschaft dürfen uns nicht unterkriegen lassen. Das wird uns gelingen, wenn wir unabhängig von Herkunft, Glaube und Weltanschauungen unsere Stimme gegen jegliche Form von Hass erheben, von unserem Wahlrecht Gebrauch machen und gegebenenfalls auch im privaten Umfeld einfach mal freundlich kundtun, dass wir eine drastische Meinung so nicht teilen.

Hape Kerkeling

Zwischen Ohnmacht und Größenwahn – wo bleibt die gute alte Mitte?

Ein satirisches Update

Wohin man in der Welt blickt: Ohnmacht und Größenwahn. Die gute alte Mitte hat sich schon fast abgemeldet. Wo bleiben, anders gesagt, Maß, Vernunft und Solidarität? Zugegeben: Die Mitte war nie sexy oder schrill. Sie war nie gruselig oder aufregend. Die Mitte begehrt nicht leidenschaftlich oder verliert gar völlig den Verstand. Sie mag, ist treu, und das mit Augenmaß.
Die Mitte ist halt guter Durchschnitt. Im Geschichtsbuch ist sie eine Fußnote. Sie ist nicht grundsätzlich piefig und lässt sich den Wind der Weltoffenheit gerne um die Nase wehen. Sie wartet ab, übereilt nichts und kriegt die Dinge dennoch beizeiten geregelt. Man kann das langweilig nennen oder komfortabel. Je nach Sicht auf die Dinge. Die Mitte ist keine andalusische Flamencotänzerin und kein Eskimo im kalten Polar. Die Mitte ist irgendwie deutsch. Sie liegt gefühlt bei Kassel. Und gönnt sich für gewöhnlich nur kleine Ausreißer im Kölner Karneval und auf dem Münchner Oktoberfest.
Gut situiert, satt, ausgeschlafen und frei wie nie, bekommt der eine oder andere plötzlich Appetit auf waghalsige Abenteuer. Unsolidarisch, grob, verletzend und unzuverlässig will

er auf einmal sein. Roh und ungerecht plustert er sich herrisch auf und riskiert eine unangenehm dicke Lippe. Kein vernünftiges Argument scheint als Gegenmittel zu wirken. So balle ich von Zeit zu Zeit aus purer Ratlosigkeit meine innere Faust.

Was soll man tun, wenn kurzatmige Angstmacherei wie der Samen der Brennnessel auf erschreckend fruchtbaren und aufgewühlten Boden fällt? Je simpler die Lösung, desto größer scheint mit einem Mal die Begeisterung zu sein. Die Wut der Kopflosen wuchert. Von den Rändern hat sie sich nun in die Mitte gefressen.

Wann hat dieser unterschwellige Groll, gepaart mit dem Gefühl einer unbestimmten Ohnmacht, angefangen, sich auszubreiten, um dann flugs die Fünf-Prozent-Hürde zu überschreiten? Wie kam die Tollwut wieder in den deutschen Wald? Wir sind doch dagegen geimpft.

Diese kleingeistige Wut ist zu einem ständigen Begleiter im Dickicht des Alltags geworden und damit salonfähig. Es ist inzwischen Mode, »Leute auf die Palme« zu bringen und »schachmatt« zu setzen. Diese miese, engstirnige Energie setzt sich gerade wie Sand in unserem gesellschaftlichen Getriebe fest. Der Motor heult manchmal schon beängstigend laut auf.

Woher kommt nur diese Lust darauf, die Ausgewogenheit und Balance zu zerschlagen und zum Teufel jagen zu wollen? Wo bleibt unsere Gelassenheit? Ist diese Wut vielleicht sogar schon ein Teil von mir?

Gestatten Sie mir, dass ich mit Ihnen nun dahin gehe, wo mich ein Anflug dieser blöden Wut zum ersten Mal kalt erwischt hat und ich am liebsten mit einer Wasserpistole voller Tomatensaft Amok gelaufen wäre. Sie werden gar nicht so überrascht sein; Sie steckten garantiert auch schon in jener berühmten Warteschleife im finstern Tal der Callcenter!

Wenn Sie mich fragen, hat das Theater mitten in den

Neunzigerjahren angefangen. Und zwar mit der denkwürdigen Erfindung der Telefonhotline! Vom Telekommunikationsriesen bis zum Reiseveranstalter, fast jedes große Unternehmen führte Hotlines ein. Angetrieben durch eine diffuse Goldgräberstimmung, wollte man effizienter, schlanker, flotter und irgendwie »besser« werden. Weniger Durchschnitt wollte man sein, stattdessen in jeder Hinsicht »drüber«. Vor allem für den Kunden.

Für den nämlich wurde es jetzt so richtig unergiebig und unpersönlich. Das Wort »Hotline« ist deshalb mein persönliches Unwort jener Zeit. Der Inbegriff der völligen Ohnmacht auf beiden Seiten des Hörers, dazwischen Konzerne mit Weltherrschaftsanspruch, welche derart sinnlose Gespräche für etwas Ähnliches wie Dienstleistung gehalten haben müssen.

Mich jedenfalls haben die Herrschaften vom Callcenter innerhalb kürzester Zeit, auch mithilfe endloser und musikalisch fragwürdiger Warteschleifen (»dada-dada-dam!«), gezielt in den Wahnsinn getrieben. Steter Tropfen höhlt bekanntlich den Stein. Die Hotline war ein ganz schön fetter Tropfen auf meiner persönlichen Frustliste.

Wenn unsereiner in den guten alten späten Neunzigern beispielsweise schlicht einen Telefon- oder Internetanschluss beantragen wollte, war das quasi ein Ding der Unmöglichkeit. In der Hotline war keiner verantwortlich und niemand zuständig. Die Verbindlichkeit wurde kurzerhand ausradiert.

Es war definitiv nicht alles besser in den Achtzigern. Vieles war allerdings nicht so schlimm wie heute.

Mein Vertrauensbonus jedenfalls ist inzwischen fast aufgebraucht. Zum Beispiel in mein Handy. Dem möchte ich nachts nicht allein auf der Straße begegnen. Manchmal beschleicht mich so ein mulmiges, unsicheres Gefühl, dass es höchstwahrscheinlich schon mehrfach gehackt und geknackt wurde und ich inzwischen ein offenes Buch für die NASA, die AOK, C&A und Peek & Cloppenburg bin. Was machen die alle bloß mit meinen Daten? Und meinen Suchbegriffen wie »Mettigel« oder »Lifting ohne Botox«? Leiten sie die weiter an Karstadt? Was hat Karstadt von meiner Mettigel-Suche im Netz?

Wie es heutzutage in Servicehotlines zugeht, weiß ich nur vom Hörensagen, denn ich rufe da nicht mehr an. Aus Prinzip. Ich besitze nun mal keine Ausbildung als Kamikaze-Flieger oder Harakiri-Kämpfer. Da bin ich tendenziell schon eher ein Hikikomori. So heißen in Japan Menschen, die sich freiwillig in ihrer Wohnung oder ihrem Zimmer einschließen und den Kontakt zur Gesellschaft auf ein Minimum reduzieren. Davon gibt es inzwischen Hunderttausende. Sie haben völlig das Vertrauen verloren.

Der schlechte Stil von Unternehmen und Behörden hat schon vor zwanzig Jahren in Deutschland Hilflosigkeit und Frust am Fließband erzeugt. Deshalb lautet meine kühne These: Der moderne Wutbürger erblickte in den gleichgültigen Servicehotlines erstmals das Licht der Welt. Die Geburtsstunde der Servicewüste war zugleich auch die des Wutbürgers.

Die Hotline steht für Warten, Abwimmeln, Loswerden und letztlich für eine Menschenfeindlichkeit, die sich inzwischen tief in die Wurzeln unserer Gesellschaften gegraben hat.

»Auflaufen lassen« wurde von großen Firmen im Umgang mit Kunden zum Prinzip erhoben. Egal, ob Versicherung oder Zulieferer, Versandhaus oder Bank: Hahn abdrehen. Pure Resignation erschaffen. Das war die brandneue Devise.

Aus Unfähigkeit oder Absicht? Beides wäre im Ergebnis gleich schlimm. Dem typisch deutschen Streit über den Gartenzaun hinweg sollte man im Nachhinein noch das Prädikat »besonders wertvoll« verleihen und ein Denkmal setzen.

Aus heutiger Sicht wirkt er fast nobel. Es war ein Miteinander oder zumindest ein Gegeneinander. Heute endet der Frust wahlweise in der Einbahnstraße oder Sackgasse. Man ist alleine wütend. Der Gegner streitet nicht mehr mit einem. Er speist nur ab. Da ist keine helfende Hand und kein offenes Ohr mehr. Es menschelt zu selten. Wo ist der Kummerkasten? Wo ist Dr. Sommer, wenn man ihn mal wirklich braucht?

Der aufgestaute Frust der Hotlinegeschädigten verliert sich aber natürlich nicht einfach im Wirrwarr der Telefonkabel. Er sucht sich heute völlig neue Wege. Das Cybermobbing und den Shitstorm beispielsweise, Ausgeburten unserer fortschrittlichen Informationsgesellschaft.

So wie der Populist vom Typus Trump, die perfekte Verkörperung von Größenwahn und Ohnmacht in einer Person. Große Klappe, nichts dahinter. Sein größtes Problem: die maßlose Erwartungshaltung seiner frustrierten Wähler. Wenn er kein Wunder vollbringt, werden sie ihn lynchen. Er muss übers Wasser laufen, oder er wird ertrinken. Schwimmen kann er ja nicht.

Zugegeben, an Trump und Brexit sind die Servicehotlines jetzt nicht direkt schuld. Das muss ich etwas kleinlaut einräumen. Aber ich bin nun mal kein Journalist, Sozialwissenschaftler oder Politologe. Ich bin Comedian mit leicht erhöhtem Blutdruck, und da ist man alles, außer kohärent. Mit den Jahren ist eben auch aus mir so ein besorgter, nölender Wutbürger geworden, der die Verschwörung wittert.

Meine armen Nerven, wenn ich Nachrichten schaue. Die Medien. Die Newskanäle. Vierundzwanzig Stunden rund um die Uhr Dauerbeschuss mit irrsinnig wichtigen Nachrichten.

In den frühen Neunzigern war eine Nachricht meistens auch ein Ergebnis. Eine Essenz. Es gab Prioritäten. Das Wichtigste gleich zu Beginn. Heute werden Nachrichten im großen Stil hergestellt. Um dann im gleichen Atemzug dementiert zu werden.

Man sieht Bilder von einem blutigen Bombenangriff im Nahen Osten, während am unteren Bildrand im Laufband in unfassbar schneller Abfolge noch bunte Meldungen, gespickt mit unschönen Rechtschreibfehlern, von rechts nach links durch das Bild jagen. Beispielsweise, dass Starlet Nadja Ballermann, die sich selbst mit i schreibt, ihre linke Brust zum zweiten Mal hat vergrößern lassen oder Skispringer Ingo Kolbe schon wieder Vater von Drillingen wurde.

Das alles liest man, während ein paar Zentimeter weiter oben die Bomben auf den Wüstenboden prasseln. Dabei ist natürlich noch nicht eindeutig geklärt, wer da eigentlich wen und warum überhaupt bombardiert. In einem weiteren Laufband jagen taumelnde Börsenkurse in entgegengesetzter Richtung und rot vor Scham über den Bildschirm.

Mein Gott, ist das vulgär! Es ist fahrig und wurstig. Und nervt!

Kann man das nicht sorgfältiger und verantwortlicher gestalten? Was ist denn hier wichtig, was unwichtig? Wenn ich auf alles gleichzeitig achten soll, interessiert mich irgendwann gar nichts mehr. Kaum verwunderlich, dass derartige Nachrichtenkanäle unter einem Glaubwürdigkeitsproblem leiden.

Der amerikanische Philosoph Isaiah Berlin hat gesagt: Die Kunst in der Politik und in einem Staat bestehe darin, dass »man ein prekäres Gleichgewicht anstrebt und bewahrt, das ständig in Gefahr ist und ständig neu hergestellt werden muss – das allein ist die Voraussetzung einer verträglichen Gesellschaft und eines moralisch annehmbaren Verhaltens«. Alles andere führe »in die Irre«.

Mit dem prekären Gleichgewicht ist auch die Mitte gemeint. Sie ist viel schwerer zu bewahren, als wir alle uns das wohl jemals haben träumen lassen.

Artikel 1 unseres Grundgesetzes lautet: Die Würde des Menschen ist unantastbar.
Das ist der Wahlspruch unserer Nation. Unser Motto, das immer und überall gilt. Auch in der Hotline und in der Livenachrichtenshow. Er gilt an unserem Arbeitsplatz, in der Familie genauso wie im Urlaub.
Es ist das deutsche Mantra. Die Zauberformel für unser Gleichgewicht. Die allgemeine Akzeptanz dieser Idee ermöglicht überhaupt erst unser friedliches Miteinander. Darauf müssen wir vertrauen.
Verdammen und Verherrlichen, Größenwahn und Ohnmacht entfernen uns von diesem sicheren Zentrum. Setzt sich das Extreme durch, wird es jeden Einzelnen von uns – früher oder später – an den Rand drängen. Denn das entspricht seiner biestigen Natur. Es schürt zähnefletschend Angst und treibt die Menschen auseinander. Wir dürfen uns von denen, die die Wut aus uns herauskitzeln wollen, nicht provozieren oder kleinkriegen lassen. Darum müssen wir auch um unsere innere Mitte ringen.
Die Mitte sind wir alle. Sie ist unser gemeinsamer Nenner. Deshalb darf niemand ausgegrenzt werden. Wir müssen uns wieder langsam aufeinander zubewegen. Wenn es uns nur gelingt, dieses Gleichgewicht wiederherzustellen, haben wir alle gewonnen und treffen uns. In der Mitte. Ich wüsste nicht, warum wir das nicht schaffen sollten?

Michael Kibler
Nach Berlin...

Wenn mir der Schweiß den Nacken herunterläuft, kitzelt er meine Nackenhaare. Völlig bescheuert, dass ich ausgerechnet an dieser Stelle so empfindlich bin. Aber das lenkt vom konstanten Schmerz im Knie ab. Kurz lege ich den Kopf in den Nacken, ziehe die Schulter nach vorn. Der Tropfen ist vom Kragen aufgesogen worden. Eigentlich habe ich überhaupt keine Zeit, den vergeblichen Kampf gegen die Pein in meinem Nacken aufzunehmen. Denn vor einer halben Stunde haben sie 250 Leute auf einmal gebracht. Das heißt für uns: so lange arbeiten, dass Schweißtropfen in Brigadestärke all ihre Duftmoleküle hier in diesem stickigen Zelt verbreiten können. Wenigstens ist für genug Wasser gesorgt. Und irgendjemand hat sogar eine Flasche Ginger Ale aufgetrieben. Ein volles Glas steht neben mir. Eine Köstlichkeit in dieser Hitze.

Mein Job ist es, die Fingerabdrücke zu nehmen. Leonard hat erzählt, dass sie die Abdruckscanner vor gut anderthalb Jahren bekommen haben, wie auch andere Aufnahmelager oder Hotspots auf griechischen Inseln. Seitdem können sie die Identität jedes Flüchtlings sofort registrieren und all jene sofort identifizieren, die an irgendeiner anderen Stelle in Europa schon mal versucht haben reinzukommen. Dank des Eurodac-Systems funktioniert das inzwischen ganz gut.

Vier neue Flüchtlinge, wieder Männer, betreten das Zelt.

Einem fehlt ein Unterschenkel. Die Krücken sind nagelneu. Ich kann mir kaum vorstellen, dass er die aus seinem Heimatland mitgebracht hat. Wahrscheinlich ist er von einer Fregatte aufgefischt worden, gerettet von der Besatzung eines Schiffes, das eigentlich dazu konstruiert worden ist, Kriege zu führen. Und aus deren Lazarettarsenal stammen bestimmt die Krücken.

Bis vor einem Jahr habe ich auch auf so einem Schiff als Hauptgefreiter gedient. Unsere Fregatte *Dresden* war Frontex unterstellt, dieser europäischen Organisation, die die einen für Heilsbringer halten, die anderen für institutionalisierten Sadismus. Fakt ist: Wir kreuzten zwischen Griechenland und Libyen in internationalen Gewässern, um den Schlepperbanden, die sich daran bereicherten, Menschen auf wenig Besserem als Luftmatratzen mit Mopedmotor auf hohe See zu schicken, das Handwerk zu legen. Eine simple Armbinde mit Frontex-Aufnäher machte uns zur Europapolizei. Nach der Währungs- und Wirtschaftsunion auch eine Gewaltenunion. Grundsätzlich eigentlich kein schlechter Gedanke, finde ich. Auch hier an Land trage ich die Frontex-Binde am Arm. Sie haben einfach zu wenig Leute für die Hotspots. Und ich mit meinem kaputten Bein ...

Allein während meiner Zeit an Bord der *Dresden* haben wir 937 Flüchtlinge von solch schwimmenden Luftballons gerettet. Und dann kam der Tag meines letzten Einsatzes auf der *Dresden* ...

Wir hatten am Spätnachmittag bereits 350 Personen an Bord, als wir zu einem weiteren Boot geschickt wurden, das hilflos im Wasser trieb. Diesmal waren es 96 Menschen auf einem Schlauchboot, dem man ansah, dass es nicht mehr lange durchhalten würde. Ebenso wenig wie die Besatzung.

Wie immer bei solch einer Bergung fuhren wir mit zwei kleinen Schnellbooten zu den in Seenot Geratenen. Ein

Schnellboot blieb dort, während das andere pendelte und die Schutzsuchenden in Zehnergruppen zur *Dresden* brachte.

Ich war auf dem Boot, das bei den Flüchtlingen ausharrte. Im Kunststofftank war kein Tropfen Benzin mehr. Auch das Kalkül: Inzwischen meldeten die Schleuser selbst, wo sich Boote in Seenot befanden. So sparten sie noch mal ein paar Hundert Euro für anständige Boote und ausreichend Sprit.

Unser Job war es, Schwimmwesten an die Bootsinsassen zu verteilen und zu versuchen, die völlig verängstigten Menschen zu beruhigen. Mein Kamerad Nabil, ebenfalls bald Hauptgefreiter, machte sich da besonders gut, denn er hatte marokkanische Wurzeln und sprach Arabisch. Das war auch nötig, da uns die Schwimmwesten ausgingen. Zu viele Menschen, zu schnell der Takt der Rettungsaktionen.

Zwei Minuten vor dem Ende meiner aktiven Dienstzeit auf der *Dresden* war das zweite Boot gerade losgefahren, wieder mit zehn Passagieren an Bord. Nur noch sechs blieben nun zu retten. Die sollten wir aufnehmen. Doch plötzlich platzte eine der vorderen Luftkammern des heruntergekommenen Billigheimers. Dadurch brach eine der Holzlatten, die auf den Einlegeboden aus Plastikplane geschraubt waren, und schnellte zur Seite. Die um zehn Zentimeter herausragende Schraube stieß wiederum in die angrenzende Luftkammer. Die Männer im Boot gerieten in Panik. Nur zwei von ihnen konnten schwimmen. Die übrigen vier begannen zu schreien. Ich reagierte, ohne nachzudenken, lehnte mich über Bord.

Einer hatte eine Narbe unter dem rechten Auge, die fast bis zu seinem Mundwinkel reichte. Er griff nach meinem Arm. Und ich nach dem seinen. *Ich kann dich halten*, versuchte ich ihm mit den Augen zu sagen. Bis Sekundenbruchteile später weitere Hände nach meinem Arm griffen. Und an meiner Schwimmweste zerrten. Das war der Moment, in dem auch ich angefangen habe zu schreien.

Erst ging ich über Bord.

Dann kam der Schmerz.
Und dann wurde mir schwarz vor Augen.

Als ich die Augen wieder aufschlug, brauchte es ein paar Augenblicke, bevor ich registrierte, dass ich wieder an Bord der *Dresden* war, auf der Krankenstation. Rechts neben mir erkannte ich den Mann mit der Narbe im Gesicht. Er schlief. Mein Bein tat höllisch weh. Nicht weniger als mein Kopf. Ein paar Minuten später erklärte mir der Arzt, dass ich eine Holzlatte an die Schläfe bekommen hätte, als ich über Bord gegangen war. Meine Kameraden seien ebenfalls ins Wasser gesprungen. Sie hätten mich und zwei der Nichtschwimmer aus dem Wasser fischen können. Zwei hätten es nicht geschafft. Zu allem Überfluss sei mir in dem Chaos unter Wasser auch noch eine der Bodenschrauben ins Knie gerammt worden. In 18 Stunden sollte die *Dresden* Griechenland erreichen und ich in ein Krankenhaus gebracht werden.

Kurz nachdem der Arzt gegangen war, wachte mein Bettnachbar auf.

»Wie heißen Sie?«, fragte ich ihn. Keine Reaktion. Ich versuchte es auf Englisch: »What's your name?«

»Dakhil«, antwortete er. »You saved my live. Thank you so much.«

Ich nickte nur.

»Wenn ich in Europa lebe, werde ich als Erstes schwimmen lernen«, fügte er in völlig akzentfreiem Englisch an. Der Tonfall war zu ernst, um als Humor durchzugehen. Und auch ein unbeschwertes Lächeln würde dieser Mann erst wieder üben müssen.

»Wie kommt es, dass Sie so gut Englisch sprechen?«, wollte ich wissen.

»Ich bin Englischlehrer. Nein, ich *war* Englischlehrer.«

»Wie heißen Sie?«, frage ich jetzt den ersten der vier Neuen im Zelt, den mit den Krücken. Meist bekomme ich keine Antwort. Dann probiere ich es auf Englisch, Französisch, Italienisch, dann auf Griechisch, Arabisch, Persisch und inzwischen auch auf Urdu. Es ist eine Frage, die man eigentlich in jeder Sprache formulieren können sollte. Beim Lernen habe ich darauf geachtet, sie in der Höflichkeitsform zu stellen. Auch ich möchte nicht geduzt werden.

»Hilal«, antwortet der junge Mann. Ich merke mir nur die Vornamen. Denn all diese Menschen stehen jeweils nur knapp zwei Minuten vor mir, so im Durchschnitt. Hilal kommt aus Syrien. Fast alle kommen aus Syrien. Seit sie die Balkanroute dichtgemacht haben. Und ganz besonders, seit alle darüber debattieren, was ein sicheres Herkunftsland sei. Die EU-Länder haben sich darüber nicht einigen können. Syrer zu sein schützt zumindest vor dem sofortigen Rausschmiss.

Hilal hat offenbar beim Erstgespräch vor wenigen Minuten im noch heißeren Zelt nebenan glaubhaft machen können, dass er wirklich Syrer ist. Meine Kollegen dort stellen ein paar Fragen über die Fluchtroute oder über Autokennzeichen aus den Herkunftsländern – alles Dinge, die man nicht so eben aus dem Ärmel schütteln kann, wenn man nicht von dort kommt. Der Lautsprecher des Systems piept einmal. Hilal ist dem Eurodac-System nicht bekannt. Ich nicke, dann verlässt er das Zelt.

Mein Blick fällt auf die anderen drei Männer. Der Erste scheint kaum volljährig zu sein, der Zweite sieht aus, als ob er die fünfzig schon weit hinter sich gelassen hat. Und der Dritte? Ich traue meinen Augen kaum: Das Gesicht kenne ich.

Wenn wir damals Flüchtlinge auf dem Schiff aufnahmen, waren die Abläufe Routine. Jeder wusste genau, welchen Handgriff er zu tun hatte, wohin die Menschenmenge auf dem

Schiff dirigiert werden musste, wie das Essen verteilt wurde, die Decken und, wenn es uns möglich war, wer welche neuen Klamotten bekam, um die mit Salzwasser und Benzin getränkten Lumpen zu ersetzen. Meist gab es gar keine Gelegenheit, mit den Menschen ins Gespräch zu kommen.

»Und woher kommen Sie?«, wollte ich daher von meinem Bettnachbarn im Lazarettraum der *Dresden* wissen.

Dakhil zögerte kurz. Dann sagte er: »Aus Algerien.«

Mein erster Gedanke: Dann wird er wohl wenig Erfolg haben, wenn er Asyl beantragt. Ich stellte die zweite Frage, die ich mir selbst immer stellte, wenn ich in eines der meist dunkelhäutigen Gesichter jener Menschen blickte, die auf Deck saßen. »Und warum haben Sie Ihr Land verlassen?«

Ich möchte eine bessere Zukunft haben, das ist der Satz, den jeder dieser Menschen von sich gab, wenn man ihn fragte. Aber was hieß das? Bevor ich auf der *Dresden* war, habe ich ihn natürlich auch gehört, den Begriff *Wirtschaftsflüchtling* oder die ganz hässliche Version *Hartz-IV-Schmarotzer.* Seit ich auf der *Dresden* gedient habe, weiß ich zumindest eines: Die Flüchtlinge, die wir aus den Booten fischten, waren Menschen, die sich aufs Meer begeben hatten, obwohl sie nicht schwimmen konnten. Deren Hab und Gut in einen Brustbeutel unter dem T-Shirt passte. Und die nicht einmal Schuhe an den Füßen trugen, die alles aufgegeben hatten, weil das, was vor ihnen lag, auf jeden Fall besser war als das, was sie hinter sich ließen. Und wenn es der Tod war.

Pathetisch? Mag sein. Zutreffend? Ganz bestimmt.

»Weil ich auf der Liste stehe«, sagte Dakhil.

Ich runzelte die Stirn. »Was für eine Liste?«

Dakhil schloss die Augen. Kurz öffnete er sie wieder, dann fielen die Lider wieder zu. Als hätte er schon zu viel gesagt. Seine Augen blieben geschlossen. Wie der Vorhang im Theater, der bedeutete, dass im Moment kein Stück gespielt wurde.

Er antwortete nicht, ich döste ein. Die Schmerzmittel taten ihre Wirkung.

Ich wusste nicht, ob Minuten vergangen waren, Sekunden oder vielleicht sogar eine Stunde, als mich Dakhils Stimme in die Realität zurückrief. »In Deutschland, da kann man ohne Angst leben, wenn man schwul ist, nicht wahr?«

Ich war wieder wach. »Ja, ich denke schon.«

»Deshalb möchte ich nach Deutschland.«

»Weil Sie schwul sind?«

Dakhil sagte nichts, aber das laute Schweigen war Antwort genug.

Zwei der fünf Brüder meines Vaters sind schwul. Ich fragte: »Ihr Freund, ist er mit Ihnen geflüchtet?«

Dakhil schüttelte kaum merklich den Kopf. »Nein.«

Ich hakte nicht weiter nach. Aber plötzlich sprach Dakhil ganz von selbst, es sprudelte aus ihm heraus: »Wir waren spazieren. In Ghardaia – da haben wir beide gelebt. Eine schöne Stadt. Da gibt es einen Park. Bassam – so hieß mein Freund –, er hat mir erzählt, dass er einen neuen Job gefunden hat. Er war ein toller Automechaniker. Er hat jeden Wagen wieder zum Laufen gekriegt. Drei Monate lang hatte er keinen Job gehabt und jetzt endlich einen bei einem Autohaus von Renault. Als er mir das gesagt hat, da habe ich mich so gefreut, habe nicht nachgedacht und ihn einfach geküsst. Und plötzlich waren sie da. Zwei Polizisten mit Schlagstöcken. Wir landeten sofort im Knast. Sie haben mich so verprügelt, dass ich jetzt die Narbe unterm Auge habe. Nach sieben Wochen habe ich erfahren, dass Bassam nicht mehr lebt. Und nach acht Wochen kam ich raus.«

»Warum?«, fragte ich ganz spontan. Und ich war dankbar, dass ich in einem Land lebte, in dem ich um meine beiden Onkel keine Angst haben musste.

»Hast du Familie?«, fragte Dakhil zurück.

»Ja, eine große.«

»Ich habe auch eine große Familie. Sie hat mich gerettet. Ich habe einen Cousin, Amir, er ist bei der Polizei. Und er hat dafür gesorgt, dass ein Teil meiner Familie Geld gab, damit ich rauskam aus dem Gefängnis. Sie ließen mich tatsächlich frei. Aber dafür stand ich jetzt auf der Liste, ich war im System. Meinen Beruf als Lehrer konnte ich vergessen.«

Ich sah Dakhil an. Auch er war einer der Menschen, für die alles, was vor ihnen lag, besser war als das, was sie zurückließen.

»Es gibt bei euch in Deutschland eine Stadt, die heißt Berlin. Das ist eure Hauptstadt, nicht wahr? Und dort gibt es den Bürgermeister Wowereit, oder?«

Ich musste ihn ein bisschen korrigieren: »Berlin ist unsere Hauptstadt. Aber Wowereit ist nicht mehr der Bürgermeister.« Unser *Und-das-ist-auch-gut-so*-Klaus Wowereit. Davor hatte ich immer Respekt gehabt.

»Haben sie ihn umgebracht?«

»Wowereit? Nein. Er ist zurückgetreten. Dann haben die Berliner einen anderen gewählt. Michael Müller ist jetzt Bürgermeister.«

»Hat er auch einen Freund?«

»Er ist mit einer Frau verheiratet und hat zwei Kinder«, sagte ich und konnte nicht verhindern, dass sich mein Lächeln in ein Grinsen verwandelte. Schwul zu sein ist nun auch keine Einstellungsvoraussetzung für einen Bürgermeister...

Ich ertappte mich dabei, wie ich mir wünschte, dass Dakhil bei uns Asyl bekäme. Ich konnte mir vorstellen, dass er ein guter Englischlehrer war. Warum nicht für deutsche Kinder?

Aber ein paar Fragen gingen mir im Kopf herum: Wurden Schwule in Algerien nicht schon immer geächtet? Was trieb einen Menschen dazu, genau jetzt zu gehen? Ich hatte dies offensichtlich nicht nur gedacht, sondern auch ausgesprochen.

»Ja. Sie haben uns schon immer verfolgt. Das ist nichts Neues. Es ist auch nichts Neues, dass sie uns am liebsten alle umbringen würden. Und viele sind darunter, die selbst Männer lieben. Die uns töten, damit niemand mitbekommt, dass sie eigentlich selbst auf die Liste gehören.«

»Aber wie kommst du auf ein Boot in Libyen?«

»Es ist nichts Neues, dass Europa reicher ist als Afrika. Und dass man dort als Schwuler keine Angst um sein Leben haben muss. Und es ist nichts Neues, dass Europa das Gelobte Land ist. Aber weißt du, was neu ist?«

Nein, das wusste ich nicht.

»Neu ist, dass man durch das Internet genau diese Dinge selbst *sehen* kann, dass wir nun wissen, dass es *wirklich* so ist. Neu ist, dass wir dank unserer Handys in der Lage sind, eine Flucht zu planen. Neu ist, dass die Schleuser über Facebook Werbung machen können. Das alles führt dazu, dass es *möglich* scheint, nach Europa zu kommen. Dass aus einem Traum ein Wunsch wird – einer, den man tatsächlich umsetzen kann. Könnte.«

Wieder machte er eine Pause. Dann sagte er:»Schau mich an. Vor 15 Jahren – keine Chance. Wäre ich aus dem Gefängnis gekommen, hätte ich alles getan, damit man nie wieder denkt, ich finde Männer toll. Ich hätte es nicht mehr gelebt. Ich hätte vielleicht sogar eine Familie gegründet. Aber in Zeiten von Facebook und Handys wissen auch wir davon, dass es Orte auf der Welt gibt, wo wir so leben können, wie wir sind. Ein Segen. Und ein Fluch.«

Ja. Ich glaube, ein bisschen konnte ich ihn verstehen.

Der zweite von den vieren, der ältere Herr, heißt Wakur. Auch er ein Flüchtling aus Syrien. Geflohen erst vor Assad, dann vor dem IS. Er ist 62, hat er angegeben. Mein Gott, mit 62 seine Heimat hinter sich zu lassen... Mein Onkel Martin fällt mir ein. Er hat vor Jahren eine Staatsanwältin geheiratet.

Wie sehr hat er gelitten, als er nur von Bonn nach Trier ziehen musste, weil seine Frau dort einen neuen Job bekommen hatte. Und er hat *wirklich* gelitten.

Eurodac piept auch bei Wakur, was bedeutet, dass er offensichtlich noch nicht an einer anderen EU-Grenze probiert hat, ins Gelobte Land zu gelangen.

Danach kommt Tahir. Er spricht fließend Englisch. Ebenfalls aus Syrien. Aleppo – er hat es gerade so lebend rausgeschafft, sagt er.

Eurodac zeigt an, dass auch seine Fingerabdrücke hier zum allerersten Mal registriert worden sind.

Er verlässt das Zelt.

Und nun tritt der Mann mit der Narbe auf mich zu. Es ist Dakhil. Kein Zweifel.

Wir sehen uns nur an. Das vergangene Jahr hat weitere tiefe Spuren in seinem Gesicht hinterlassen.

Ich schaue mich um. Nur er und ich in diesem Zelt.

»Du hast es nicht geschafft nach Deutschland? Nach Wowereit-Country? Nach Berlin?«

Er schüttelt den Kopf. Dann sagt er leise: »Wenn du aus einem afrikanischen Land kommst, hast du in Griechenland keine Chance, legal weiter nach Deutschland zu kommen.«

Der Türkei-Deal mit Deutschland – ich weiß, dass Dakhil keine Märchen erzählt. Ich werfe einen Blick auf seine Papiere. »Und deshalb behauptest du jetzt, dass du aus Syrien kommst?«

Dakhil schweigt. Ich bin mir nicht sicher, ob ich mir sein Nicken einbilde oder ob es tatsächlich eine Bewegung im Millimeterbereich war.

Aus Syrien – da hat er eine Chance. Eine reale.

»Wie hast du den ersten Test bestanden?«, frage ich und nicke in Richtung des Nebenzelts.

Er zuckt nur mit den Schultern.

Ich kann es mir vorstellen. Ein Schleuser, der neben der

Reise auch einen Workshop für Fortgeschrittene anbietet: *Was ich als Flüchtling aus Syrien wissen muss.* Wahrscheinlich auch nicht unter 1000 Euro zu kriegen, denke ich. Was für eine lukrative Branche...

Dakhil steht einen halben Meter vor mir. Er kommt nicht näher.

Wenn er seine Finger jetzt auf diesen Scanner legt, wird der Lautsprecher hektisch fünfmal hintereinander piepen. Und das rote Lämpchen wird blinken, damit es auch der letzte Grenzbeamte kapiert. Diese Signale bedeuten: »Nicht zum ersten Mal hier. Betrüger.« Alles schon da gewesen. Bis zu diesem Moment fand ich das System richtig gut.

Wenn Dakhil sich weigert, die Finger auf den Scanner zu legen, ist das wie ein Geständnis.

Und wenn ich jetzt mein Glas mit dem Ginger Ale nehme und es mir versehentlich aus der Hand fällt und so den Scanner außer Gefecht setzt, dann hat Dakhil eine Chance.

In den nächsten Sekunden werde ich eine Entscheidung treffen müssen.

Radek Knapp

Wer ist schuld am guten Wetter für Möchtegerndiktatoren?

Trumps gab es immer und wird es immer geben. Donald Trump selbst gibt es ja bekanntlich auch schon seit über vierzig Jahren, und man kann schwerlich behaupten, dass er damals ein anderer Mensch war als heute. Vielleicht bis auf seine Haare, die mit der Zeit immer mehr werden.

Die wirklich interessante Frage lautet daher: Warum hat man ihn ausgerechnet jetzt gewählt? Dasselbe gilt auch für andere Möchtegerndiktatoren, die neuerdings weltweit wie Pilze aus dem Boden schießen, wie zum Beispiel der türkische Recep Tayyip Erdoğan oder der ungarische Viktor Orbán. Die Antwort ist eigentlich ganz einfach und wird einigen nicht gefallen, am wenigsten jenen, die die Frage jetzt ständig und überall stellen: den intellektuellen Eliten nämlich, die für das »Gute« stehen und mit ihrer Überheblichkeit, das wollen wir jetzt mal behaupten, leider einen erheblichen Anteil an dem ganzen Desaster haben.

Es gibt eine Szene aus den Nachrichten, die ich auch nach Jahren nicht aus dem Kopf bekomme: Barack Obama ist auf dem Höhepunkt seiner Macht, die Welt ist halbwegs in Ordnung, soweit so etwas überhaupt möglich ist. Bei einem Dinner im Weißen Haus hält der Präsident der Vereinigten Staaten vor den geladenen Gästen eine Rede. Und plötzlich fängt er an, sich über einen der Gäste, einen Mann an einem der äußeren Tische, lustig zu machen. Es sind niveauvolle Scherze, versteht sich, und manche sogar richtig geistreich, aber sie haben einen Hauch von Besserwisserei, der delikat im Raum schwebt. Der Saal lacht und applaudiert, auch der Mann, auf den diese Witze abzielen, lacht mit. Aber in der Nahaufnahme sieht man, dass diese Witzeleien dem Mann so gar nicht schmecken und dass er in diesem Moment so etwas wie einen inneren Schwur ablegt, es Obama und dem ganzen versnobten Establishment einmal richtig heimzuzahlen. Dieser Mann war der Milliardär Donald Trump. Es wäre gewagt zu behaupten, dass sich in diesem Moment das Schicksal der USA entschieden habe, aber es war die Ankündigung jener »Elitenarroganz«, mit der später Trump bei seiner Wahl so ausgiebig gepunktet hat.

Ein paar Tausend Kilometer entfernt fand in Warschau eine ähnliche Szene statt: Im Festsaal des Parlaments wird die prowestliche polnische Regierung ausgelobt. Die Guten sind am Ruder, haben eine absolute Mehrheit, Polen ist EU-Mitglied, und man feiert zu Recht. Alles ist eitel Wonne. Bei dieser Gelegenheit wird, wie im Weißen Haus auch, auf Kosten eines Mannes gewitzelt, der in der Ecke steht und seltsam vor sich hin lächelt. Dieser Mann ist klein, trägt einen abgenutzten Anzug und wirkt etwas tapsig. Es ist Jarosław Kaczyński, in dem offenbar ebenfalls dieser innere Schwur herangereift war, es den arroganten »Guten« ordentlich zu zeigen.

Dies wären bedeutungslose Anekdoten, die keine Folgen hätten und höchstens bei den übersteigerten Egos der Betroffenen gewisse Schäden anrichten würden, hätten sich unsere politischen und intellektuellen Eliten damit begnügt, kleine Seitenhiebe auf Partys auszuteilen. Gerade am polnischen Beispiel sieht man, wie wenig die weltfremde Haltung des politischen Establishments vor dem eigenen Volk haltgemacht hat. Gleich nach der Befreiung vom kommunistischen

Regime haben viele ehemalige Oppositionsführer, die nun politische Schlüsselrollen besetzten, einer kapitalistischen Konsumgesellschaft Tür und Tor geöffnet. Es war gewiss eine verständliche und sogar erwartbare Geste – schließlich galt es, eine Menge aufzuholen und den Hunger nach materiellen Gütern und westlichem Glitzer zu stillen.

Bedauerlicherweise verschliefen die Regierenden den delikaten Punkt zwischen dem Stillen des Hungers und der Überfütterung des Volkes. Man führte nicht nur weiterhin tonnenweise faule Bananen ein, sondern auch das Zauberding »Leasing«, das nicht nur den materiellen Wohlstand der Bürger, sondern auch ihre bisherige Lebenseinstellung unterwanderte. Man ignorierte alle Warnzeichen, hatte kein Gehör für Alarmglocken, und so wachten die Polen eines Tages auf und erblickten im Fernsehen einen Jarosław Kaczyński, der ihnen im Namen des Volkes verkündete, dass er von nun an für das Wohl seiner Landsleute sorgen würde.

Inzwischen spielte sich in der großen weiten Welt etwas Ähnliches ab. Da man dort Bananen und Leasing schon im Überfluss hatte, spendete man jetzt raffiniertere Geschenke, die direkt aus Teufels Küche kamen, sprich aus den Köpfen der Großmanager und Wirtschaftskapitäne. Als Erstes kam die Globalisierung, deren Ursprungsidee sich ja gar nicht mal schlecht anhörte. Man wollte in guter Absicht aus dem ganzen Planten ein Dorf machen, wo jeder sich wie zu Hause fühlen sollte, was auch gut klang, sogar notwendig schien angesichts der weltweit erwachenden Frage »Wo bin ich eigentlich zu Hause?«.

Statt eines gemütlichen Hauses bekam man jedoch eine riesige neurotische Siedlung, wo man viel zu viel vom anderen weiß und alle gründlicher miteinander verbunden sind, als es ihnen lieb ist. Dank der Globalisierung braucht man heute nur irgendwo in China einen Knopf zu drücken, und schon verlieren in einer Fabrik bei Köln tausend Arbeiter

ihren Job. Langsam begann es also einigen zu dämmern: Das Ganze war nur ein Trick, um Konzernen Zölle und Steuern vom Leib zu halten. Und spätestens als der Großinvestor Warren Buffett es auf den Punkt brachte, war es offiziell: »Die Reichen haben einen Krieg begonnen. Den Krieg zwischen Reich und Arm. Und sie sind dabei, ihn zu gewinnen.« Die Bestätigung dafür kam Anfang dieses Jahres in den Nachrichten: Acht Menschen besitzen so viel Geld wie die halbe Menschheit.
So etwas entsteht nicht durch Zufall.

Digitaler Dornröschenschlaf

Natürlich kann man sagen, dass das immer so war und auch immer so sein wird. Es gab stets Leute, die Macht ausübten und aus Profitstreben bereit waren, andere zu unterdrücken. Aber es gab früher immer auch gleichzeitig Aufklärer und Warner, die die Menschen mit ihrer Begeisterung mitrissen und ein Gegengewicht zu der konsumorientierten Gesellschaft bildeten. Frei nach dem Motto: Ein kranker Organismus bildet früher oder später Antikörper aus. Luther war so ein Antikörper. Die Französische Revolution war einer oder auch Karl Marx. Die berechtigte Frage lautet: Wo sind die Antikörper von heute?

Man müsste glauben, dass solche Größen am ehesten im Lager der Humanisten und Denker zu suchen wären. Weit gefehlt. Ausgerechnet aus dieser Richtung kommt ein weiterer schmerzlicher Schlag. Als man vor etwa zehn Jahren anfing, die Buchbranche zu digitalisieren, und das Lesen vom Papier auf einen Bildschirm verbannte, war allen klar, dass das ein Pakt mit dem Teufel war. Nicht einmal die inzwischen wissenschaftlich nachgewiesene Tatsache, dass das Aufnehmen von Inhalten direkt vom Bildschirm, egal, wie toll er ist, nicht so konzentriert vor sich geht wie vom Papier, ließ die

Alarmglocken läuten. Die letzte Bastion der nicht nur wohltuenden, sondern physiologisch so notwendigen Konzentration war kurz davor zu fallen. Und wer erhob sich? Was passierte, um die Digitalisierung der Bücher zu unterbinden? Nichts. Oder viel mehr als nichts. Die meisten Intellektuellen, Verleger und bedauerlicherweise auch viele Autoren sprangen von der Klippe in die Arme der Wirtschaftskonzerne und sägten von da an munter an einem Ast, der inzwischen so dünn geworden ist, dass nur noch wenige darauf Platz haben. Dabei bräuchte es hier keinen Karl Marx, um zwei und zwei zusammenzuzählen und draufzukommen, dass unsere geistige Welt bald von einem Konzern namens Amazon gelenkt wird. Ganz zu schweigen davon, dass das E-Book nicht aus Liebe zum Leser gemacht wurde, sondern um eine Milliarde zu verdienen.

Sicher: Es ist übertrieben zu behaupten, dass unsere Eliten für diesen Schlamassel verantwortlich sind. Aber ganz sicher sind sie für den Dornröschenschlaf verantwortlich, in den sie auf eigenen Wunsch gefallen sind.

Wie anders wäre die Welt heute, wenn wenigstens ein paar wach geblieben wären? Wie entspannt wären wir heute, wenn wir das digitale Paradies rechtzeitig eingedämmt hätten?

Wie wohltuend wäre es, Nachrichten aus China mit entsprechender Verspätung zu bekommen und wenn diese Nachrichten keine Konsequenzen, sondern nur Kopfschütteln auslösen würden. Wir würden uns dann langsamer bewegen und schneller denken. Die Reichen würden die Hälfte von dem besitzen, was sie heute haben, und wären trotzdem immer noch reich. Es wäre auch nicht verkehrt, wenn Amazon sich auf den Verkauf von Töpfen und Digitalkameras konzentrieren würde, statt den Buchverkauf zu dominieren. Aber das Erfreulichste wäre, dass niemand mehr Diktatoren bräuchte, nur weil sie als das letzte klare Lichtlein im Tunnel des großen Chaos erscheinen. Probleme könnten dann von Leuten gelöst werden, die mal ein Buch gelesen haben und Skrupel nicht für eine südländische Währung halten. Links stehen bedeutet schließlich nicht, dass man automatisch zwei linke Hände hat.

Aber dieser Zug ist abgefahren. Das Establishment dämmert weiter im Dornröschenschlaf, und der Despot tanzt und macht seine Musik. Wieder einmal hat sich die Geschichte wiederholt. Und wir können nur noch bellen. Natürlich geistreich wie immer. Das üben wir schon seit Jahren. Das Problem ist ganz einfach: Solange wir schlafen, werden die Trumps auf uns herumtanzen.

Tobias O. Meißner
Wellen und Turm

Es ist kalt, und es brennt.
Madukwe geht langsam auf die Angreifer zu.
Lodernde Flaschen wurden auf die provisorische Unterkunft der Flüchtlinge geschleudert. Immerhin fliegen jetzt keine weiteren Feuer mehr auf die Verängstigten, die aus dem Gebäude gerannt kommen und klagen. Man will nicht, dass Kinder brennen. Die Botschaft jedoch ist eindeutig genug: *Bei uns werdet ihr nur Betten aus Brand vorfinden, und wenn ihr euch zudecken wollt, müsst ihr dies mit Rauch tun. Wenn ihr Hunger habt, geben wir euch Flammen zu essen, und wenn euch dürstet, trinkt fetten Qualm.*

Madukwe kann das sogar verstehen. Zu Hause in Maiduguri beargwöhnt man Fremde ebenfalls. Eindringlinge sind überall unerwünscht. Menschen sind sich ähnlich, furchtsam und misstrauisch.

»Geh nicht zu ihnen, bleib hier!«, haben seine beiden Freunde Onyekachukwu und Ijeagha, mit denen er gemeinsam über die Wellen gekommen ist, zu ihm gesagt. »Sie schlagen dich tot!«

»Sie schlagen mich nicht tot«, hat Madukwe behauptet und ist losgegangen. Er hat hinzugefügt: »Sie haben genauso viel Angst wie wir. Sie sind auch Menschen.«

»Schlägst du sie tot?«, hat Ijeagha ihm hinterhergefragt.

»Nein. Ich erzähle ihnen, wer wir sind und wer wir nicht

sind«, hat Madukwe geantwortet, aber so leise, dass Ijeagha das im Prasseln der Brände und im Greinen der Kinder gar nicht mehr hören konnte.

Die Flammen fressen sich satt. Die Farbe, noch frisch, und der erst vor Kurzem getrocknete Leim entzünden sich begierig.

Die Deutschen sind von vorne vom tanzenden Feuer beleuchtet, und hinter ihnen bildet sich ein immer stärker werdendes bläuliches Schimmern, fast wie bei Heiligenerscheinungen. Das sind Feuerwehrlöschzüge, die sich singend nähern. Und Polizei. Brände in der Nacht tragen ein besonders schönes Gewand, weil kreisendes Blaulicht alles verfremdet.

Die Deutschen zeigen auf Madukwe, wie er alleine auf sie zukommt, mit nichts an als altmodischen Schuhen, einer zu weiten Hose, einem unmöglichen T-Shirt und einer Strickjacke aus zweiter Hand, die man ihm in Italien angeboten hat, als Gastgeschenk. Sie wirken beunruhigt, als wüssten sie nicht genau, was sie tun sollen. Diese Deutschen sind nicht mehr dieselben, die das Feuer geworfen haben, die eigentlichen Brandstifter sind längst geflüchtet vor dem Heulen der Sirenen. Es sind andere, die zuschauen wollen und spotten und dabei sein, wenn den Schmarotzern und Parasiten das Kraushaar versengt wird. Sie haben Bier- und Schnapsflaschen dabei und lassen diese herumgehen, Brüder und Schwestern im Weingeist. Einer von ihnen hat sogar eine halb volle Bierflasche nach vorne geworfen, obwohl Bier überhaupt nicht brennt, sondern eher löscht. Sicherlich ist es nicht erlaubt, Bier zu schmeißen und Brände zu begaffen und die Löscharbeiten zu behindern, aber sie sind zu zwanzigst oder sogar zu dreißigst, was soll die Feuerwehr ihnen anhaben oder die Polizei? Sie sind schließlich hier zu Hause, schon immer, sind hier geboren worden, sie wollen sich wärmen auf ihren Logenplätzen vorne am Kamin, ihre Zustimmung äußern zum Abbrennen, ihre Ablehnung gegenüber den Fremden, die mehr von ihrem Land abhaben wollen, als sie selbst jemals bekommen haben. Sie wollen sich als Helden des Dabeigewesenseins fühlen, auch voreinander. Sich vor den Freunden in das bestmögliche, vor den Fremden jedoch in das widerwärtigste Licht rücken. Madukwe kennt das, die Menschen in Nigeria sind nicht anders.

Er bringt sogar so etwas wie ein Lächeln zustande.

Das verwirrt die Deutschen, diese jungen Leute mit ihren rohen, unfreundlichen Gesichtern, schwitzend vor Aufgeregtheit, rülpsend vor schaumigem Alkohol. Sie sind genauso Verlierer in ihrem Land, wie Madukwe und seine Freunde es in ihrem sind, aber im Gegensatz zu den Nigerianern aus dem Bundesstaat Borno, in dem die christlichen Igbo unter den muslimischen Kanuri eine Minderheit sind, flüchten sie nicht aus ihrem Land, weil sie längst begriffen haben, dass es nirgends besser ist als hier. Das muss ein eigenartiges Gefühl sein, denkt sich Madukwe: mitten im Paradies zu leben, aber sich dennoch ausgegrenzt und benachteiligt zu fühlen. Voller Hass zu sein, weil man nicht ermessen kann, dass es genug für alle gibt. Ein Land, in dem es sogar so viel gibt, dass große Mengen weggeschmissen werden müssen.

Madukwe hat sich gut informiert über Deutschland, bevor er und seine Freunde sich von Italien aus auf den kalten Weg nach Norden machten. In Deutschland gibt es ein Zuviel an Butter und Milch und allem, es gibt mehr Fleisch, als die Deutschen essen können, an jeder Ecke steht ein Supermarkt und wirft tonnenweise gute Sachen in den Müll. Dafür gibt es aber zu wenige Kinder, immer wieder muss Deutschland Fremdarbeiter ins Land holen, um überhaupt reich bleiben zu können. Deutschland braucht eine halbe Million Zuwanderer pro Jahr, um das Austrocknen des Arbeitsmarkts und dadurch das Schwinden der Wirtschaftskraft zu verhindern. Deutschland mag das noch nicht wahrhaben wollen, aber es ist schon längst zu einem Einwanderungsland geworden. Als die Kanzlerin sagte: »Wir schaffen das«, wusste sie in Wirklichkeit: »Wir können das sehr gut gebrauchen«, und maskierte als christliche Nächstenliebe, was vor allem wirtschaftlicher Pragmatismus war. Nachdem sie dann von aller Welt für ihre Menschenfreundlichkeit und Willkommenskultur gefeiert worden war, konnte sie ihrem eigenen murrenden Volk die Notwendigkeiten nicht mehr erklären und wurde unpopulär. Eine verrückte Geschichte eigentlich, aber typisch für ein unverdient reiches Land mit einer blutigen und grausamen Herkunft. In Afrika hat Deutschland sogar eine Kolonie gehabt und Afrikaner bekämpft. Nicht in Nigeria, aber weiter südlich, im heutigen Namibia.

Deshalb ist Madukwe hierhergekommen. Weil er weiß, dass die Deutschen immer auf der Suche nach eigenem Reichtum und billigen Arbeitskräften sind. Dass er hier gebraucht wird, während man in Maiduguri und ganz Borno seines Lebens nicht mehr sicher ist. Die Selbstmordattentäter von Boko Haram schlagen überall zu, selbst im Flüchtlingscamp Dikwa hat es vor Kurzem erst bei einem einzigen Angriff 58 Todesopfer gegeben.

Die Mutigsten unter den zwanzig, dreißig Deutschen bauen sich vorne auf, beschützen ihre Frauen, die sie wiederum anstacheln. Madukwe ist alles andere als ein schmächtiges Kerlchen, er ist kräftig, jung und groß, sonst hätte er sich niemals über die Wellen gewagt. So eine Fahrt über den »Fluss« – wie die Schleuser das Mittelmeer verharmlosend nennen – kann bis zu fünf Tage dauern, Madukwe und seine Freunde haben Glück gehabt, sie wurden in ihrem fast antriebslosen Schlauchboot nach drei Tagen gerettet. Madukwe hat fast alles, was er jemals in seinem Leben über das Wesen der Welt begriffen hat, in diesen drei Tagen gelernt. Er möchte dieses Wissen gerne teilen. Deshalb geht er auf die Deutschen zu.

Die Deutschen zischen und spucken mit ihrer kantigen Sprache. Irgendwann hat die Menschheit sich so auseinanderentwickelt, dass sie anfing, lauter verschiedene Worte zu sprechen. In den Geschichten aus der Bibel, die der Priester ihm erzählte, ist von einem großen Turm die Rede, einem Turm, der Gott in seiner Maßlosigkeit beleidigte. Also verwirrte Gott die Menschen in Sprachen, die niemand mehr verstehen konnte, und somit in Völker, die aus Unverständnis einander zu hassen und miteinander Krieg zu führen begannen.

Manchmal denkt Madukwe, die Sprachen sind das größte Problem, noch größer als die unterschiedlichen Farben der Haut oder die Religionen oder die Fremdheit der Gesichter. Wenn man nicht dieselbe Sprache spricht, wie soll man sich dann über Abgründe hinweg verständigen? Würden alle Menschen fließend Deutsch sprechen oder fließend Igbo, bräuchten die Deutschen keinen Widerwillen mehr zu empfinden vor allen anderen und keine Angst mehr zu haben.

Madukwe bleibt einige Meter vor ihnen stehen und breitet die Arme aus, als würde er Freunde begrüßen. Die Ärmel seiner zu kurzen Strickjacke verrutschen dabei.

Einige der Frauen zischen hinter ihren Männern hervor, sie sollen den »Affen« bewerfen, ihn verprügeln, ihm klarmachen, dass er hier bei ihnen nichts zu suchen hat. Aber selbst ihre eigenen Männer verstehen sie nun nicht mehr. Das rote Knistern der Flammen ist fast so laut wie das Wehklagen der blau rotierenden Sirenen. Irgendetwas wirft stetig Schatten über alle. Der schwarze Mann, vor denen ihre Mütter sie von klein auf gewarnt haben, hat unreine Haut, das fasziniert sie sehr. Er erinnert sie an die dunklen Fußballspieler, die in ihren Lieblingsmannschaften wichtig sind. Er ist keine Zahl, kein Gespenst und kein Gerücht, sondern ein tatsächlicher Mensch.

Madukwe versucht sich in all den Lichtern und dem Heulen, dem Flammenwirbeln, der fauchenden Hitze und der nach Schnee schmeckenden Kälte zurechtzufinden, sich zu sammeln. Er denkt an den Priester, der ihm, schon als Madukwe noch ein Kind war, mit tiefer und singender Stimme von den Propheten erzählt hat, die zu den Menschen hingingen, und von Jesus, der auf den Wellen wandern konnte, und auch vom großen Turm und Gottes Wut. Vielleicht will Madukwe in Deutschland ebenfalls ein Priester werden oder zumindest seinen hierher verschlagenen Landsleuten von all diesen Wundern erzählen.

Nun jedoch möchte er erst einmal den Deutschen die Wellen erklären.

Es ist ein bewegter Gedanke, der in seinem Kopf schon seit Tagen umherschwappt, in den langen Stunden des Wartens in diversen Auffanglagern nach und nach gewachsen. Dieser Gedanke ist hoch, viel zu hoch. Er geht in etwa so:

Drei Tage lang habe ich die Wellen betrachtet.
Die Wellen sind wunderschön.

Sie umgaben uns, waren alles, was zählte, sie waren unsere Freunde, weil sie uns trugen, und unsere Feinde, weil sie uns schaukelten, bis uns schlecht wurde, und uns verschlingen wollten. Dass man sie nicht trinken kann, obwohl sie so köstlich aussehen, ist befremdlich. Einige von ihnen sind fast durchsichtig, andere haben deutliche Farben. Sie unterscheiden sich voneinander, aber dann auch wieder nicht, manchmal gibt es Armeen von ihnen, die alle genau gleich aussehen und im Gleichschritt marschieren. Sie wechseln sich ab, und alle bestehen aus demselben, und alles ist ihnen egal, ganz besonders das Schicksal von einem, der, um sich schlagend, in ihnen untergeht. Es kümmert sie nicht. Sie sind ja nur Wellen.

Menschen sind anders als Wellen.

Manchmal, wenn Menschen sich zusammenrotten und in großen Massen beieinanderstehen, sehen ihre Köpfe zwar fast wie Wellen aus, aber ihre Gesichter sind viel unterschiedlicher. Auch macht jeder Mensch sich in diesen Köpfen seine eigenen Gedanken. Menschen kümmert es, wenn vor ihren Augen jemand ertrinkt oder verbrennt. Vielleicht zünden sie etwas an oder stoßen jemanden ins Wasser. Aber sie zünden etwas an, weil es sie kümmert, nicht, weil es sie kaltgelassen hat. Sie stoßen ins Wasser aus Wut oder Leidenschaft, nicht, weil ihnen etwas gleichgültig ist.

Ihr seid keine Welle.

Ihr denkt, dass ihr eine Welle seid: die Welle der besorgten Bürger, die ihr Vaterland verteidigen. Ihr denkt auch, dass wir eine Welle sind, die Flüchtlingswelle, aber auch das ist falsch.

Zwar landen wir an euren Stränden, aber wir vergehen nicht dabei, sondern wir entstehen. Wir fangen an den Stränden an. Wir lernen nach tagelangem Schaukeln das Gehen, um auf euch zuzukommen. Keiner von uns will einem von euch etwas wegnehmen. Ihr besitzt genug, um zu teilen. Wir wollen keine Geschenke. Wir wollen arbeiten, vielleicht sogar entschlossener, als ihr das wollt. Indem wir in eurem Land arbeiten, arbeiten wir für euer Land. Wie kann euch das schaden? Denkt doch nach! Betrachtet uns nicht als euer Problem oder eure Krise. Wir sind unseren Problemen und Krisen ja eben entronnen, mit knapper Not. Für euch sind wir eine Bereicherung. Früher haben die Amerikaner Afrikaner entführt und verschleppt, um sie für sich arbeiten zu lassen. Früher haben auch die Deutschen Afrikaner ausgebeutet. Heute kommen Afrikaner freiwillig zu euch und wollen für euch arbeiten. Wie kann das eine schlechte Entwicklung sein? Wir sind keine Wellen, die den Strand abtragen. Wir sind neuer Strand, und ihr seid alter Strand, und gemeinsam können wir aufbauen und stärker werden.

Wenn es stimmt, was viele schlaue Menschen sagen, dass der Meeresspiegel steigen wird bis fast zu einer neuen Sintflut, dann können wir gemeinsam den Wellen trotzen, die kommen werden, um euch und uns zu verschlingen. Das geht uns alle gemeinsam etwas an. Gemeinsam und verbündet. Weil alle Menschen auf dieser Welt letzten Endes genau dieselben Sorgen haben.

Das ist der Gedanke. Das ist die Geschichte, die Madukwe den Deutschen gerne erzählen würde. Aber er spricht nur Igbo und die paar Brocken Englisch, die jeder Mensch auf Erden spricht, und das würde nicht genügen, um diesen schwierigen Gedanken verständlich zu machen. Auch würden sie ihm nicht so lange geduldig zuhören. Sie sind nicht in eine Kirche gekommen, um einem Priester zu lauschen. Sie sind gekommen, um Hoffnungen brennen zu sehen und darüber zu lachen.

Madukwe schaut in Augen, die vor Feindseligkeit ganz eng sind.

Selbst wenn die Deutschen seine Sprache sprächen, könnten sie ihn nicht verstehen. Sie müssten dazu weite Augen haben. Wodurch aber bekommt man weite Augen? Durch Erkenntnis. Oder durch Furcht. Aber nicht die dumpfe Furcht von Leuten, die einfach nur nicht wahrhaben wollen, was ihnen niemand richtig erklärt hat, sondern durch die grelle Furcht derer, die um ihr Leben rennen müssen. Die Furcht, die nur ein Flüchtling kennt. Weite Augen bekommt man dadurch, dass man drei Tage lang die Wellen betrachtet hat. Keiner der Deutschen hat das jemals getan.

Also beschließt er, es sehr viel kürzer zu machen.

Er kehrt die Bedeutung seines Gedankens beinahe um. Ihre engen Augen lassen ihm keine andere Wahl.

Seine Stirn umwölkt sich, als er anfängt, er zögert, dann sagt er nur vier Sätze:

»Unwillig stößt der Strand die Wellen zurück. Doch der Wellen gibt es unzählige, es kommen immer weitere. Denn was ist ein Strand? Eine von den Wellen zermahlene Zurückweisung.«

Das ist alles. Mehr hat er nicht übrig für diese feindseligen Gesichter, die – bei den Frauen – wie überschminkte Mauern vor ihm stehen, bei den Männern wie Fäuste mit Nasen.

Er sagt diese vier Sätze auf Igbo, wo das dreimal verwendete Wort »Wellen« ganz anders klingt, nämlich wie *Ebili*. Natürlich versteht niemand, was er sagt. Wahrscheinlich hätte es die angetrunkene Horde auch dann nicht verstanden, wenn die Menschheit niemals diesen Turm errichtet hätte, um ihr Schicksal damit gegen sich aufzubringen.

Aber dennoch bleiben seine vier kurzen Sätze nicht gänzlich ohne Wirkung.

Was wirkt, sind Madukwes tiefe, etwas kehlige Stimme, das Rot, das ihn von hinten wie eine Hölle umflackert, der er entronnen ist, das kreisende Blaulicht von vorne, das seine Haut wie Indigo leuchten lässt, die Ruhe und Furchtlosigkeit, die er ausstrahlt, seine ärmliche Bekleidung, seine gerunzelte Stirn, seine Rechtschaffenheit, die verdeutlicht, dass er nichts ausgefressen hat, dass er keinen Grund sieht, vor den Deutschen auf der Flucht zu sein, selbst nicht vor einer Übermacht vor ihnen. Er flieht vor den Unruhen und Ungerechtigkeiten seiner Heimat und hofft, Deutschland ruhiger und gerechter vorzufinden.

Die Deutschen starren ihn an. Wie er drei Tage lang die Wellen.

Dann, murrend, aber ohne gewalttätig auszuschreiten, zerstreut sich die zum Gaffen gekommene Horde. Sie trinken das letzte in den Flaschen schwappende Bier und lachen freudlos. Die Präsenz von Feuerwehr und Polizei mag ihr Übriges tun, sie von Gewalttätigkeit abzuhalten. Aber wenigstens einer aus der Horde erinnert sich an die Winnetou-Filme, die er kürzlich im Fernsehen gesehen hat, und daran, dass er es traurig fand, als Winnetou starb, dass es wirklich edle Wilde gegeben hat, auch wenn diese für die Deutschen immer rot waren und nicht schwarz. Es ist noch kein Umdenken, beileibe nicht, aber immerhin ein Innehalten von Abläufen, verursacht durch ein irritierendes Element.

In dieser Nacht gibt es keine Wellen, die auf einen Strand auflaufen. Die Gegebenheiten kehren sich voneinander ab, und Madukwe geht zu den Seinen zurück, immer noch darüber nachdenkend, ob er nun etwas bewirkt hat oder nicht. Er fühlt sich gleichzeitig machtlos und bedeutsam, seltsam und schwierig ist das. Alles ist viel komplizierter, als er sich das vorstellen konnte, zu Beginn seiner Flucht. Damals hatte er aus nackter Not zu rennen begonnen, und nun findet er sich wieder in Kälte, Feindseligkeiten und Ruß.

Weiterhin brennt in diesen hässlich zusammengezimmerten Wohncontainern ein Feuer, das nichts auftaut, sondern um sich beißt, und Rauch weht darüber hin, der Augen zum Tränen bringt. Ein Fensterglas zerplatzt in einer Aufwallung von Hitze, wie aus Zorn. Doch wenigstens in dieser einen Nacht wird sich kein Mensch mehr an den Scherben des maßlosen Turms verletzen müssen.

Rebecca Niazi-Shahabi
Aber ändern muss es sich!

Bevor ich in diesem Text darüber schreibe, warum Populismus ein Problem ist, muss ich etwas gestehen: Ich finde AfD-Anhänger nicht viel schlimmer als fanatische Tierfreunde. AfDler sind Leute, die in der Welt nicht weit herumgekommen sind, und wenn sie doch mal woanders waren, haben sie nicht viel begriffen. Sie haben Angst, dass sich etwas ändert und sie dabei zu kurz kommen – was man auch irgendwie verstehen kann.

Da, wo die sind, möchte man aber trotzdem nicht sein, denn deren Angst und Empörung kann sich schnell gegen einen selbst richten.

Genauso misstrauisch bin ich allerdings, wenn jemand mit ähnlichem Erregungspotenzial für eine andere Sache wirbt.

Nehmen wir einmal die guten Taten der Tierfreunde, die in vielen YouTube-Videos zu sehen sind – und millionenfach geteilt werden. Die Kommentare unter diesen Videos sind von aufreizender Schlichtheit: dass man sich an diesen wunderbaren Individuen ein Beispiel nehmen möge, dass es mit Umweltzerstörung und der Ausbeutung von Mensch und Tier endlich vorbei wäre, wenn sich nur alle Menschen so verhielten.

Gezeigt wird, wie sich ein Hund an einem Staudamm verirrt und nicht zurückfindet, eine Ente, die in einem Gully klemmt, eine Katze, die in einem Baum sitzt und fürchterlich jammert. Dann kommt ein Mensch und sieht das, und was macht er? Er – ist solcher Edelmut überhaupt in Worte zu fassen – rettet das Tier aus seiner misslichen Lage. Gänsehaut! Wenn doch alle so wären!

Ich hingegen frage mich: Wer ist denn bitte nicht so? Als würde die Mehrheit der Menschen angesichts einer eingeklemmten Ente ihre Springerstiefel auspacken und das hilflose Tier lachend in den Gully treten. Oder den Hund unter großem Hallo ins Wasser stürzen lassen. Neunundneunzig Prozent der Menschen helfen weinenden Kindern beim Suchen ihrer Eltern, hingefallenen Alten beim Aufstehen, befreien notleidende Tiere oder rufen zumindest die Feuerwehr herbei. Sie machen es, weil sich der Mensch nicht nur in andere hineinversetzen kann, sondern weil er es muss, es ist ein ihm angeborener Reflex.

Und darum sind mir AfD-Anhänger und fanatische Tierschützer gleichermaßen suspekt. Beide Gruppen handeln populistisch, setzen also einen gesellschaftlichen Missstand voraus, den es so nicht gibt: Es wird eine einfache, kleine Welt konstruiert, in der es sehr edle Menschen und absolut verwerfliche Menschen gibt. In diesem Konstrukt kann man sich endlich wieder als Handelnder erleben, als jemand, der im entscheidenden Moment das Richtige tut und sich bei den anderen »Sehenden« dafür Verstärkung holt. Man erhebt sich über andere, bekommt auch noch lauthals Zustimmung dafür und hat es den anderen mal wieder richtig gezeigt! Allerdings kämpft man auf einem völlig frei erfundenen Schauplatz.

Das eigentlich Verrückte an diesem Konstrukt ist aber, dass im Grunde jeder eines hat. Der Ausländerhasser hat es, der Religionsfanatiker sowieso, aber auch der Tierschützer und die nervige Freundin, die immer per Mail Petitionen herumschickt, die man unterzeichnen soll. Jedes Mal, wenn einer mahnt, warnt, aufrüttelt oder auffordert, dann steht dahinter – anders kann es nicht sein – die Überzeugung, man selbst habe begriffen, was andere nicht begriffen haben. Das Konstrukt ist nicht auszurotten, es prägt unsere Freund- und Feindschaften, die Liebe, die Arbeit, das Zusammensein mit der Familie. Und bei den Spirituellen ist es auch nicht besser, da sie selbstverständlich Wert darauf legen, dass ihr schädliches Ego schon viel kleiner ist als das der anderen. Und am unteren Ende dieser Leiter stehen, zumindest in meinen Kreisen, die Wähler von Rechtspopulisten, über die man Witze macht. Doch über diese zu lachen ist mir fast genauso unangenehm, als müsste ich auf die Straße gehen und »Ausländer raus« schreien.

Dass aber im Grunde keiner besser oder schlechter ist als der andere, wusste schon Friedrich Engels, der darauf hinwies, dass sowohl der reiche Fabrikbesitzer als auch der ausgebeutete Arbeiter jeweils nur Gefangene ihrer Klasse seien. Beide handelten einfach so, wie es die Bedingungen ihrer Umwelt von ihnen verlangten. Die Bedingungen müssten also geändert werden, und das ist gar nicht so einfach. Man sollte nach Engels also eher die Fabrik anzünden, nicht den Fabrikbesitzer – nur ist das Problem, dass die Verhältnisse inzwischen so komplex geworden sind, dass man gar nicht weiß, wo diese Fabrik anfängt und wo sie aufhört.

Vor sechzig Jahren schon hat der Philosoph Günther Anders in seinem Buch »Die Antiquiertheit des Menschen« beschrieben, dass die Dinge, die um uns herum passieren, seelisch nicht mehr nachvollziehbar sind. Wir erleben die Auswirkungen unseres Handelns nicht mehr direkt: Niemand weint über seiner Tasse Kaffee ob des Schicksals des äthiopischen Kaffeepflückers, keiner lässt sich vom schmelzenden Permafrostboden seinen Urlaub verderben, obwohl man ahnt, dass das für die Zukunft der Menschheit nichts

Gutes verheißt. Immer noch kaufen Teenager bei Primark ein, obwohl man ihnen schon ein Dutzend Mal erklärt hat, wie diese Kleidung hergestellt wird. Die Zusammenhänge von Not, Ablehnung und Ausgrenzung sind abstrakt, also das absolute Gegenteil einer eingeklemmten Ente im Gully, und durch bloßes Mitgefühl nicht zu begreifen.

Wir alle sind deswegen schuldig und unschuldig zugleich, manchmal muss ich schließlich mit dem Auto fahren, ein Bad nehmen, meine Wohnung heizen, und genießen muss ich mein Leben doch auch noch, ich kann schließlich nicht auf alles verzichten. Und wenn ich es täte, würde sich auch nichts an der Lage der Welt verbessern.

»Es könnte so vieles anders sein, aber nichts kann ich ändern«, stellte der Soziologe Niklas Luhmann fest. Viele sind schon daran verzweifelt. Angeblich leben wir in einem der freiesten Regierungssysteme der Welt, und doch kann man über das Wesentliche im Leben nicht frei entscheiden. Die meisten von uns werden hineingezwungen in die Lebensform »Arbeiten gehen, Miete zahlen und hoffen, dass man den kostbaren Arbeitsplatz nicht verliert«; und am Abend sitzt man erschöpft auf dem Sofa, und dann kommt so eine Schauspielerin oder ein Schriftsteller und sagt: »Steh endlich vom Sofa auf, und tue etwas gegen die Umweltverschmutzung, die Zerstörung der Städte und gegen Ausländerfeindlichkeit!« Aber was?

Auch ich verspüre manchmal den Wunsch, auf die Straße zu gehen, mich wehren zu dürfen gegen all das, was ich als falsch empfinde. Und am Schluss, wenn das Gute erreicht ist, will ich meine Kameraden umarmen und mich mit ihnen darüber freuen.

Wie aufregend muss es gewesen sein, als 2009 die Belegschaft des französischen Mischkonzerns 3M ihren Direktor entführte. Die Arbeiter hatten es satt, um die wenigen Prozente Lohnerhöhung beziehungsweise um die Abfindung zu betteln. Sie wollten, dass sich etwas ändert, und zwar jetzt.

Gegen den Kapitalismus kämpft es sich so schlecht im Stillen, manchmal braucht die Seele konkrete Ergebnisse. Wie herrlich wäre es, nach der »Tagesschau« mit Gleichgesinnten auf die Straße zu laufen, Legebatterien zu stürmen, Primark-Filialen anzuzünden oder den Apple-Chef dazu zu zwingen, endlich Steuern zu zahlen. Ein Menschenleben ist zu kurz, um wählen zu gehen und dann darauf zu warten, bis sich irgendwann die politischen Verhältnisse ändern, sodass Immobilienhaie keine Innenstädte mehr aufkaufen, Investmentbanker keine Staaten mehr ruinieren und Unternehmen nicht mehr die Umwelt zerstören dürfen.

Man sieht, in mir steckt also nicht nur eine Populistin, sondern auch eine Terroristin. Irgendetwas hält mich aber davon ab, meine Fantasien in die Tat umzusetzen, und zwar eine Mischung aus Feigheit und Einsicht. Aber sollte ich deswegen gar nichts tun?

Das Selbstverständliche zu unterlassen, weil man das Große nicht tun kann, wäre Resignation. Das Selbstverständliche hochzujubeln, nach dem Motto: Wer die Ente rettet, rettet die Welt, ist aber auch ein bisschen billig, denn normales mitmenschliches und umweltbewusstes Verhalten ist keine Selbstwerterhöhungsveranstaltung, sondern das Minimum, das uns zur Kritik am Größeren erst berechtigt.

Daher ist die Sehnsucht nach dem Gefühl, Teil einer Bewegung zu sein, durchaus ein berechtigter Wunsch.

Dass man solche Gefühle und Wünsche ernst nehmen muss, scheinen im Moment allerdings leider nur die Populisten verstanden zu haben.

Stephan Orth
Fauler Hering

Juri aus Wladiwostok ist 57 und fest davon überzeugt, dass weltweit alle Zeitungen, Fernsehsender und Onlinenachrichtenportale Lügen und Halbwahrheiten verbreiten. Findet er aber nicht weiter tragisch. »Ich vertraue darauf, dass uns in Russland eine Propaganda gezeigt wird, die gut für unser Land ist«, sagt der Meeresbiologe. Seine Gutgläubigkeit überrascht mich, da er doch in seinem Berufsleben täglich nach beweisbarem Datenmaterial sucht. »Wenn die Aktivitäten der Regierung gut sind für die Menschen, ist auch ihre Propaganda gut für die Menschen«, meint er. Als Beispiel führt er den wirtschaftlichen Aufschwung unter Putin an, die Verbesserung der Lebensqualität. Täglich sieht er im Fernsehen, wie gut es seinem Land geht. Zwar passt es nicht ins Bild, dass der Wert seiner kleinen Wohnung im Norden der Stadt in den letzten zwei Jahren massiv gesunken ist, während die Preise für Lebensmittel gestiegen sind. Trotzdem sagt er: »Die Wirtschaftskrise ist nicht so schlimm, mir geht es nicht schlechter als vor zwei Jahren«, das weiß er aus den Nachrichten.

Auf einer zehnwöchigen Russlandreise traf ich oft Menschen, die so dachten wie Juri und ähnlich pragmatisch mit der Situation umgingen: Sie kennen einfach keine andere Medienlandschaft. Zu Zeiten der Sowjetunion wusste jeder, dass die Staatsmedien die Fakten verdrehen und beschönigen, und auch heutzutage spielen unabhängige, regierungskritische Journalisten kaum eine Rolle bei der Meinungsbildung.

Ein solches Mediensystem versucht auch der »Potus«, der *President of the United States*, in seinem Land zu etablieren. Er mag jede andere Russland-Connection leugnen, doch dass ihn das dortige Verständnis von Journalismus inspiriert, ist bei seinen ständigen Angriffen auf unabhängige Nachrichtenkanäle nicht zu übersehen. Jeder Angriff auf angebliche »Fake News« der *New York Times* oder auf CNN ist mehr als ein Bemühen, einzelne Medienschaffende zu diskreditieren. Es geht darum, den Menschen einzutrichtern, dass eine objektive Wahrheit sowieso nicht existiert, dass alle Informationen gleichermaßen unglaubwürdig sind. Wenn Bürger ihrer Wahrnehmung nicht mehr vertrauen und in dem ganzen Informationschaos am Ende gar nichts mehr glauben, sind sie genau dort, wo der Autokrat sie haben will. Weil sie dann leicht manipulierbar sind und sich nur noch daran klammern können, was sie »gefühlt« für richtig halten. Psychologen nennen das Phänomen »confirmation bias«.

Das Spiel mit solcher Verwirrung beherrschen russische Regierungskräfte und Medienmacher besonders gut. Gezielt werden Desinformationen gestreut und Fakten verdreht, um die Verwirrung zu erhöhen und das Vertrauen in bislang als glaubwürdig geltende Institutionen auszuhöhlen. Wie gut das funktioniert, zeigte die Berichterstattung über die angebliche Vergewaltigung einer minderjährigen Tochter russischdeutscher Eltern in Berlin durch »Migranten«. Der »Fall Lisa« löste in Deutschland Demonstrationen aus und rief sogar den russischen Außenminister auf den Plan – selbst als herauskam, dass sich die Vorwürfe als unhaltbar erwiesen, schürten Moskauer Medien weiterhin Zweifel an der offiziellen Version. Ein neueres Beispiel ist ein Bericht des russischen Propagandadienstes »Sputnik«, der während des

Wahlkampfs in Frankreich eine angebliche heimliche Homosexualität des französischen Präsidentschaftskandidaten und Familienvaters Emmanuel Macron präsentierte. Der Artikel fand online große Verbreitung, obwohl die enthaltenen Belege äußerst dünn sind (ein politischer Hinterbänkler als Zitatgeber und jede Menge subtile Andeutungen).

Ein ziemlich gruseliger Bericht der *FAZ* legte einmal dar, welche Techniken bei solchen Nachrichten zum Einsatz kommen. Sie wurden sogar an der Moskauer Staatsuniversität in dem Kurs »Kriegsjournalismus« gelehrt, als Anleitung, wie man im feindlichen Lager durch Desinformation und Bewusstseinsmanipulation Konflikte schüren kann.

Die Berichte zum »Fall Lisa« nutzten demnach Elemente der Technik »große Lüge«. Ein ungeheuerliches Verbrechen wird behauptet, das emotional so aufwühlt, dass man später alle entgegengesetzten Informationen schwächer wahrnimmt als die Ursprungsinformation. Im Fall von Macron dagegen kam eine Methode namens »fauler Hering« zum Einsatz. Einer Person des öffentlichen Lebens wird ein Verdacht angehängt, zugleich werden aber viele Argumente präsentiert, die gegen den Verdacht sprechen, manchmal gar die Unhaltbarkeit der Anschuldigungen betont. Psychologisch wirkt das auf den Leser jedoch so, dass die entsprechende Person künftig immer mit dem Verdacht verknüpft wird; das Thema wird sie nicht mehr los. Eine verheimlichte Homosexualität ist dabei natürlich ein eher harmloser Fall, zumindest im liberalen Frankreich, gemeiner wird es, wenn es um Verbrechen oder Kindesmissbrauch geht.

Technik Nummer drei ist die »absolute Evidenz«. Hierbei stellt man etwas als so offensichtlich wahr dar, dass angeblich jeder vernünftige Mensch bereits darüber Bescheid wisse. Um das zu untermauern, helfen manchmal Umfrageergebnisse, die aber nicht seriös ermittelt sein müssen. Psychologisch nutzt diese Methode das Bedürfnis der Zuhörer, sich einer Mehrheit anschließen zu wollen. Ein bekanntes Beispiel dafür sind die Behauptungen des Potus, drei Millionen illegale Wählerstimmen hätten Hillary Clinton zu ihrem Vorsprung im absoluten Wahlergebnis verholfen.

Es ist wichtig, diese drei Techniken zu kennen, denn sie werden uns in Zukunft öfter begegnen. Die russischen Propagandakanäle »RT Deutsch« und »Sputnik« erreichen auch hierzulande immer mehr Verbreitung, und leider ist ein Teil ihrer Agenda, Europa und Deutschland mit Desinformationskampagnen zu schwächen. Bei zahlreichen Wahlen und Abstimmungen der letzten Monate zeigte sich, dass russische Medienkanäle aktiv mitmischten, um die Entscheidung in eine vom Kreml gewünschte Richtung zu beeinflussen. Wie wirkungsvoll das letztendlich ist, lässt sich schwer einschätzen. Doch oft sind Wahlergebnisse knapp, wie etwa beim Brexit. Eine genaue Prüfung von Quellen (selbstverständlich nicht nur russischen), die uns vor der nächsten Wahl Skandalgeschichten präsentieren werden, scheint also angebracht zu sein.

In Russland zur Perfektion entwickelte Propagandawerkzeuge haben eine steile Karriere hingelegt. Man findet sie in Onlineforen, politischen Diskussionen, Alternativmedien und neuerdings auch regelmäßig in Zitaten aus der US-Regierung. (Absolute Evidenz: »Niemand wusste, dass das Gesundheitswesen so kompliziert sein würde.« Große Lüge: »Zwei Iraker kamen hierher, radikalisierten sich, wurden IS-Mitglieder und planten dann den Angriff von Bowling Green auf unsere tapferen Soldaten.« Fauler Hering: »Eine sehr glaubwürdige Quelle hat in meinem Büro angerufen und gesagt, dass Barack Obamas Geburtsurkunde eine Fälschung ist.«)

Es gibt vereinzelte Bestrebungen, Fake News zu verbieten, doch das wird nicht funktionieren und wäre auch ein falsches Signal entgegen der Pressefreiheit. In einer Zeit, wo jeder Bürger ungeprüfte »Nachrichten« online publizieren kann, ist es vielmehr notwendig, dass jeder Bürger die gebräuchlichen Manipulationswerkzeuge kennt. Eine Art Alphabetisierungskampagne für Faktenchecks wäre nötig. Denn nur wer für solche Themen sensibilisiert ist, kann mit der nötigen Sorgfalt die Quellen von Informationen überprüfen und sich selbst ein Bild über ihre Glaubwürdigkeit machen. In der Facebook-Timeline oder auf Twitter wird alles gleichberechtigt präsentiert – ein gründlich recherchierter *Washington-Post*-Artikel sieht in der Vorschau nicht anders aus als ein polemischer Beitrag auf einem islamfeindlichen Blog.

Haben also die viel geschmähten Mainstreammedien immer recht? Natürlich nicht. Es wird übertrieben, zugespitzt, die Sensation gesucht. Doch zumindest kann man sich sicher sein, dass die Mitarbeiter von *Süddeutscher Zeitung*, *FAZ*, *ZDF*, *ZEIT* oder *SPIEGEL* professionell recherchieren und jahrelange Erfahrung im Filtern von Wahrheiten und Unwahrheiten haben. Vergleicht man die Vielfalt von Berichten und Meinungen, die hierzulande publiziert werden, mit dem Journalismus in anderen Ländern, steht Deutschland erheblich besser da, als die »Lügenpresse«-Brüller glauben.

Und doch gibt es ein Problem der Massenmedien, das ich als Vielreisender immer wieder feststelle: Nachrichten setzen Schlaglichter, das liegt in der Natur der Sache, sie suchen nach Sensationen und Skandalen, nicht nach dem Normalen, und prägen damit unser Weltbild. Manche Rezipienten können das besser einordnen, manche schlechter. Wer einen besonders sensationsorientierten Mediencocktail konsumiert, traut sich möglicherweise vor lauter Horror und Schrecken kaum noch vor die Haustür.

In mehr als dreißig Ländern habe ich über die Internetplattform couchsurfing.com zu Hause bei ganz normalen Leuten gewohnt. Das hat mein Weltbild intensiver geprägt als der Nachrichtenkonsum und verstärkte immer wieder zwei Erkenntnisse:

1. Die meisten Menschen führen Gutes im Schilde.
2. Wir sind uns viel ähnlicher, als wir glauben.

Beide Sätze stehen im Gegensatz zu dem, was in den Nachrichten passiert. Dort liegt der Fokus auf dem Negativen und auf dem Andersartigen. Es ist kaum verwunderlich, dass jemand, der viel vor dem Fernseher oder Computer sitzt und wenig vor die Tür geht, ein von Extremen geprägtes Weltbild entwickelt.

Ein wunderbarer Gastgeber im russischen Wolgograd, sein Name war Sergej, hatte eine Theorie. Er meinte, ein Prozent der Menschheit seien absolute Engel, ein Prozent seien Bösewichter und die restlichen 98 Prozent irgendwo dazwischen (aber möglicherweise in beide Richtungen manipulierbar). Das deckt sich mit meiner eigenen Wahrnehmung. Gerade in Ländern, die viel negative Presse abbekommen, erlebe ich oft mit den Menschen die herrlichsten Dinge, die nicht zu dem schlechten Image zu passen scheinen. Ich finde die Statistik durchaus glaubwürdig, auch am unteren Ende: Vermutlich sind ein Prozent aller Russen absolute Volldeppen. Und ein Prozent der Österreicher, ein Prozent der Muslime, ein Prozent der Amerikaner, ein Prozent der Deutschen, ein Prozent der Christen, ein Prozent der Nigerianer, ein Prozent der Flüchtlinge, ein Prozent der Kölner, ein Prozent der Frauen, ein Prozent der Linkshänder. Leider generiert dieses eine Prozent besonders viel Aufmerksamkeit. Und auch wenn ihr Anteil gering ist, kommt man rechnerisch bei 7,4 Milliarden Erdenbürgern auf 74 Millionen Idioten weltweit. Das reicht, um einiges kaputt zu machen.

Der zweite Punkt, die unverhoffte Ähnlichkeit, bezieht sich auf die Träume und Wünsche der Leute, die ich unterwegs treffe. Ob in Ghana oder Peru, China oder Armenien, Burma oder Kanada: Zunächst einmal wollen Menschen in Sicherheit leben, ohne gewaltsame Auseinandersetzungen, dafür mit der Chance, durch harte Arbeit ihr Leben und das ihrer Familie verbessern zu können. Unterschiedlich ist, was als Hindernis oder Gefahr dafür wahrgenommen wird. Menschen sind manipulierbar, das Virus der Angst kann eine enorme Kraft entfalten. Sind die Flüchtlinge daran schuld, dass es mir nicht besser geht? Oder die USA? Oder Russland? Irgendeine Weltverschwörung? Oder doch nur die eigene Regierung?

Ein Großteil dieser Angstbildung hängt davon ab, welche Informationsquellen wir nutzen. Wir sollten sehr viel genauer hingucken, woher welche Nachricht stammt, wer dahintersteht und welche Interessen im Spiel sein könnten. Vielleicht kann dann der nächste »faule Hering« erheblich weniger Gestank entwickeln, als seine Verteiler sich gewünscht hätten.

Georg M. Oswald

Wo waren wir stehen geblieben?
Vorschlag, uns von der Geschichte
einholen zu lassen

1.

Wir hatten uns das so schön zurechtgelegt. Wir waren am Ende der Geschichte angekommen, und wie es sich gehörte, hatten wir gewonnen. »Wir«, das waren das wiedervereinigte Deutschland, ein sich vereinigendes Europa, der Westen. Die Neunzigerjahre des vergangenen Jahrhunderts, so die bevorzugte Lesart, konnten als das Happy End eines düsteren Jahrhunderts der Kriege, der Ideologien und des Totalitarismus betrachtet werden, die nun endgültig überwunden schienen. Oder zumindest weitgehend. Genozide wie im ehemaligen Jugoslawien oder in Ruanda passten ganz und gar nicht zu dieser Erzählung, doch man betrachtete sie als beinahe unerklärliche Ausnahmen der ansonsten geltenden neuen Regel.

Der Zusammenbruch des Totalitarismus zu Beginn der Neunzigerjahre des vergangenen Jahrhunderts war, so durfte man glauben, auch der Sieg des Citoyen über den Apparatschik. Man hätte annehmen können, die bürgerlichen Freiheiten würden nun goldene Zeiten erleben. Doch es kam anders. Der Sieg der Demokratie wurde in erster Linie auch als Sieg des Kapitalismus gefeiert. Er war die Wirtschaftsordnung, die sich als historisch überlegen erwiesen hatte. Befreit von den ideologischen Fesseln des Systemvergleichs und der Systemkritik, entwickelte sich eine neue Sichtweise auf Profit und Konsum. Die Schamlosigkeit, mit der der Börsenmakler Gordon Gekko, gespielt von Michael Douglas, in dem Film »Wall Street« schon 1987 verkündete, die Gier sei gut, wurde zu einem Leitmotiv für die folgenden Jahrzehnte. Zuvor war Profitstreben immer nur verbunden mit einem Lippenbekenntnis zu sozialer Verantwortung möglich gewesen, und selbst dann verdächtig. Zwar genoss man die Vorzüge des Konsums, der Anstand verbot es jedoch, Reichtum allzu sorglos zur Schau zu stellen. Nun jedoch wirkte jede Kritik am entfesselten Markt von Grund auf verfehlt, gestrig und verklemmt. Nicht der mündige Bürger, sondern der Konsument, der endlich ohne Reue genießen durfte, wurde zum Inbild der neuen Gesellschaft. Daran schien nichts verkehrt, denn nach nun herrschender Auffassung war Kapitalismus ohne Demokratie ebenso wenig möglich wie Demokratie ohne Kapitalismus. Der chinesische Weg, der beweist, dass diese Annahme falsch ist, war noch nicht beschritten. Mittlerweile wissen wir, dass bei wirtschaftlicher Entscheidungsfreiheit auch in politischer Unfreiheit erfolgreich Marktwirtschaft betrieben werden kann. Aber das war nicht unser Problem. Wir erinnerten uns mitleidig jener besorgten Bürger, die hinter jeder guten Absicht sofort totalitäre Tendenzen witterten. Erinnert sich jemand an die Volkszählung in den Achtzigerjahren des vergangenen Jahrhunderts? Es sollten durch einen Fragebogen Informationen erhoben werden, die sich heute über jeden Menschen in ein paar Minuten im Netz finden lassen. Die Volkszählung löste bundesweite Proteste aus, es wurde demonstriert, die Gefahr eines orwellschen Überwachungsstaats beschworen, vor dem Bundesverfassungsgericht dagegen geklagt, das den Klägern recht gab. Es führte aus, das Recht auf freie Entfaltung der Persönlichkeit schließe auch das sogenannte Recht auf informationelle Selbstbestimmung mit ein. Mit diesem Recht wäre eine Gesellschaftsordnung nicht vereinbar, »in der Bürger nicht mehr wissen können, wer was wann und bei welcher Gelegenheit über sie weiß. Wer unsicher ist, ob abweichende Verhaltensweisen jederzeit notiert und als Information dauerhaft gespeichert, verwendet oder weitergegeben werden, wird versuchen, nicht durch solche Verhaltensweisen aufzufallen. [...] Dies würde nicht nur die individuellen Entfaltungschancen des Einzelnen beeinträchtigen, sondern auch das Gemeinwohl, weil Selbstbestimmung eine elementare Funktionsbedingung eines auf Handlungsfähigkeit und Mitwirkungsfähigkeit seiner Bürger begründeten freiheitlichen demokratischen Gemeinwesens ist. Hieraus folgt: Freie Entfaltung der Persönlichkeit setzt unter den modernen Bedingungen der Datenverarbeitung den Schutz des Einzelnen gegen unbegrenzte Erhebung, Speicherung, Verwendung und Weitergabe seiner persönlichen Daten voraus.«

Entscheidungen des Bundesverfassungsgerichts haben Gesetzesrang. Das, was ich hier etwas umfänglich zitiert habe, ist auch heute noch geltendes Recht. Heute verrät jeder Internet-User, der einen E-Mail-Account besitzt, wesentlich mehr über sich, sein Privatleben, seine persönlichen Beziehungen, Freunde. Wer Facebook nutzt, listet seine Freunde öffentlich auf und willigt in den allgemeinen Geschäftsbedingungen ein, dass die eingestellten Inhalte zu Werbezwecken unentgeltlich verwertet werden dürfen. Das geschieht millionenfach freiwillig und mit Begeisterung. Die Erfüllung des Wunsches nach ein bisschen öffentlicher Selbstdarstellung und Bewunderung genügt, um das Recht auf informationelle Selbstbestimmung als historische Marginalie erscheinen zu lassen.

Es war David Foster Wallace, der Beobachtungen wie diese schon früh zum Thema eines monumentalen Romans machte. Er musste die Handlung von »Infinite Jest« – auf

Deutsch erschienen als »Unendlicher Spaß« – nicht weit in die Zukunft verlegen. Das Buch erschien 1996 und spielt etwa in unserer heutigen Gegenwart. Die Menschen leben in einem Zustand der Unmündigkeit, der gleichbedeutend ist mit dem vollständigen Verlust ihrer Freiheit. Doch ebenso wenig wie wir wurden sie in diese Lage gezwungen. Lachend willigten sie ein, wie wir es tun. Doch es sind nicht die Blicke von Big Brother, die uns nun bis ins Schlafzimmer verfolgen. Es ist unser Wunsch nach immer mehr, immer besserer, immer erfüllenderer Unterhaltung, die sich, je mehr wir uns nach ihr sehnen, umso weniger einstellen will. Bei David Foster Wallace begründet die Diktatur des Entertainments deshalb konsequenterweise ein Film, der so ungeheuer unterhaltsam und vergnüglich ist, dass er seine Zuseher zu sabbernden Idioten macht, die nur noch eines wollen: immer weiter von ihm unterhalten werden.

Wäre es nicht eine grausige Ironie der Geschichte, wenn sich Mündigkeit und Freiheit, als wäre das ihre Vollendung, in die Umnachtung des totalen Konsums verabschiedeten? Das würde übrigens nicht ausschließen, dass wir uns als kritische Kunden begriffen. Die Grundrechte tauschten wir ein gegen den Verbraucherschutz. Aber ist ein kritischer Verbraucher wirklich das Gleiche wie ein mündiger Bürger?

»Ersparnisse anzulegen, günstige Geschäfte abzuschließen und die Finten in Verträgen zu durchschauen ist sicher sehr von Vorteil, aber es lehrt uns nicht im Geringsten, gegenüber unserer Gesellschaft auf Distanz zu gehen«, schreibt der französische Philosoph Pascal Bruckner. Ebendiese Distanz ist uns über die Jahre verloren gegangen. Die Voraussetzungen unserer Freiheit sind uns fremd geworden.

2.

Es gibt auf dieser Welt viele Menschen, die unsere Freude über das Ende der Geschichte ganz und gar nicht teilen. Seit mehr als anderthalb Jahrzehnten führen wir einen »Krieg gegen den Terror«, der seiner Art nach niemals enden wird. Nach allgemeinem Verständnis bezeichnet das Wort »Krieg« einen Ausnahmezustand. Ein niemals endender Krieg wäre demnach kein Krieg, sondern der Normalzustand. Ein Normalzustand, der uns zwingt, generell zwischen Freund und Feind zu unterscheiden. Wir haben gelernt, wie unser Feind aussieht, wir erkennen seine Schrift, obwohl wir sie nicht lesen können, wir kennen seine Kleidung, seine Haar- und Barttracht, wir wissen, was er glaubt und wofür er zu sterben bereit ist. Er unterscheidet sich deshalb grundlegend von uns. Wo er sich auf Rechte beruft, die wir ihm einräumen, tut er es nur zu unserem Schaden, weshalb er keinen Anspruch auf sie haben sollte. Wir können den Leuten nicht in die Köpfe gucken. Wer sich kleidet, gibt und betet wie ein Feind, darf sich nicht wundern, wenn er wie einer behandelt wird. Welchen Grund hätten wir, uns nicht vor ihm zu schützen?

Wir alle kennen diese Rhetorik. Wir beherrschen sie im Schlaf, und wenn wir ehrlich sind, erscheint sie uns umso plausibler, je öfter wir sie wiederholen. Und doch sind wir selbst es, die damit den Kern unserer freiheitlichen Gesinnung angreifen. Ich will an dieser Stelle keineswegs die Gefahren des Terrors relativieren, im Gegenteil. Die größte Gefahr des Terrors besteht darin, dass wir unseren eigenen Grundüberzeugungen nicht mehr glauben. Diese Verunsicherung herbeizuführen ist sein eigentliches Ziel. Menschenrechte gelten per definitionem für alle Menschen, auch für Feinde. Gerade die Figur des Feindes aber ist es, die Einschränkungen und Relativierungen von Freiheitsrechten richtig erscheinen lässt, die wir unter anderen Umständen niemals akzeptieren würden. Einwände wie diese werden empört zurückgewiesen mit der Frage, ob wir denn tatenlos zusehen sollen, während die Feinde unserer westlichen Wertegemeinschaft sich daranmachen, sie zu zerstören? Nein, das verlangt niemand. Der Handel von Freiheit gegen Sicherheit basiert jedoch auf einem fatalen Denkfehler. Welchen Attentäter, der bereit ist zu sterben, würden »schärfere Gesetze« abschrecken? Und könnten sie dabei helfen, seine Absichten zu durchschauen, bevor er sie preisgibt? Auch wenn es sich für manche nicht so anfühlen mag, wir leben in einem der sichersten Länder der Erde. Dennoch, auch schon vor dem »Krieg gegen den Terror« wurden in Deutschland Straftaten begangen, die meisten einst wie jetzt von deutschen Staatsbürgern. Die Freiheit steht der Sicherheit nicht im Weg. Dessen ungeachtet scheint sie für viele immer schlechter auszuhalten zu sein. Menschen, denen ihre Freiheit chancenreich erscheint, bewerten die Frage ihrer Sicherheit bestimmt positiver als diejenigen, die sich nicht in erster Linie frei fühlen, sondern allein gelassen und überfordert. Sie werden anfällig für »alternative« Ordnungsvorstellungen.

3.
Beschreibt man diese Ordnungsvorstellungen als rassistisch, chauvinistisch, islamophob, antisemitisch, fremdenfeindlich, homophob, unsolidarisch und demokratiefeindlich, werden sich nur wenige zu ihnen bekennen. Führt man jedoch aus, wir müssten zuerst unsere eigenen Interessen im Auge behalten, was in den Moscheen gelehrt werde, sei problematisch, es dürfe nicht verboten sein, Israel zu kritisieren, es gebe gute Gründe, warum Putin sich so verhalte, wie er es tut, seine Haltung gegenüber Andersdenkenden und Homosexuellen sei von erfrischend unbekümmerter Durchsetzungsfreude und so weiter und so fort, wird man viel Zuspruch erhalten. Auch und gerade von Leuten, die für sich in

Anspruch nehmen, abendländischen Traditionen besonders verpflichtet zu sein. In Vergessenheit gerät dabei, dass als eine der vornehmsten abendländischen Traditionen zweifellos die Aufklärung zu gelten hat. Demokratie, Gewaltenteilung, Rechtsstaatlichkeit, Pressefreiheit, Toleranz sind eng damit verknüpfte Begriffe. Das aufgeklärte Denken verbindet eine realistische, eher defensive Einschätzung unserer individuellen Erkenntnismöglichkeiten mit dem höchsten Respekt vor dem freien Willen. Es ist allerdings nicht zu leugnen, dass dieses Pathos unserer Gegenwart etwas fremd geworden ist. In einer unübersichtlichen, verwirrenden Welt stets darauf hinzuweisen, dass unsere Fähigkeit, Richtig und Falsch auseinanderzuhalten, beschränkt ist, erscheint vielen, die sich einfache Wahrheiten wünschen, nicht besonders attraktiv. Warum einen Straftäter mangels Beweisen laufen lassen, wenn doch jeder weiß, was er getan hat? Warum in die Politik gehen, wenn doch jeder weiß, dass sie ein schmutziges Geschäft ist? Warum die Zeitung lesen, wenn doch jeder weiß, dass die Journalisten gekauft sind? Man muss nicht lange suchen, um hinter jedem Geschehen ein eigentliches, geheimes Geschehen zu vermuten. Wer demgegenüber glaubt, eine Wahl würde irgendetwas ändern, die Politiker würden sich um ihre Wahlversprechen kümmern, die Gerichte würden tatsächlich Recht sprechen, die Medien über das berichten, was wirklich vor sich geht, gilt als rettungslos naiv. Erklärungsmodelle, die den freien Willen infrage stellen und uns als Ziel und Gegenstand globaler Infiltration und Steuerung sehen, haben Konjunktur. Die Beschreibung einer Welt, in der Amazon, Google und Facebook schon wissen, was wir wollen, bevor wir uns selbst darüber klar werden können, verbreitet angenehmen Grusel. Es liegt eine gefährliche Süße darin, sich diesen Vorstellungen hinzugeben. Wir können uns klug und scharfsinnig dabei fühlen, weil wir nicht naiv genug sind zu glauben, was wir glauben sollen, und sind doch von jeder Verantwortung befreit, denn die Mächte, die über uns herrschen, sind zu groß, als dass wir sie beeinflussen könnten. Uns bleibt nichts, als im Internet zu surfen, die Dinge zu durchblicken und gehässige Kommentare unter Artikel zu schreiben, die nur geschrieben wurden, um uns über die eigentlichen Machenschaften im Hintergrund zu täuschen. Wie lässt sich diese Entwicklung aufhalten? Müssen wir uns einbläuen, uns gefälligst so glücklich zu schätzen, wie wir es, objektiv betrachtet, sein müssten? Vielleicht müssten wir das. Nur wissen wir eben auch, dass niemand sich je so glücklich schätzt, wie er sollte, sondern stattdessen lieber das beklagt, was er vermeintlich oder tatsächlich entbehrt. Spüren wir ihn noch, den Eros der Freiheit? Die Selbstverständlichkeit, mit der wir von ihr Gebrauch machen, lässt sie uns unbedeutend, ja sogar oft als Last erscheinen. Und vielleicht ist es ja sogar ganz gut, dass wir den politischen Eros gegen allerhand soziale Annehmlichkeiten eingetauscht haben. Vielleicht halten uns stabile Versorgungsleistungen, Eigenheime, Sport und Unterhaltungsindustrie erfolgreich davon ab, hungrig und fiebernd politischen Idealen hinterherzuträumen, über deren unglückselige Sprengkraft wir aus der Geschichte wissen. Vielleicht sind wir gar nicht diese hehren, aufrechten Geschöpfe, als die wir uns im Zuge der Aufklärung gesehen haben. Vielleicht suchen wir lieber den einfachsten Weg, in Ruhe gelassen zu werden. Scheuen jede Anstrengung, die nicht unmittelbar nötig ist. Ziehen unsere Vorurteile dem anstrengenden Überdenken unserer Positionen vor. Wollen nicht in Zweifel ziehen, was uns, aus welchen Gründen auch immer, gerade nicht gefällt. Dazu passt ein gesellschaftlicher Verständniswandel, der sich seit geraumer Zeit abzeichnet. Nach ihm ist Bevormundung besser als Freiheit, wenn sie nur einem erwünschten Ziel dient. Wir tauschen leichtfertig Steuerung gegen Aufklärung, Konformität gegen Originalität, Information gegen Manipulation und geben dadurch unsere Freiheit auf, deren Wert uns immer weniger einleuchtet. Unsere Regierung betrachten wir kaum noch als Repräsentantin unseres politischen Willens, sondern begreifen sie als eine Art oberste Verwaltungsbehörde. Das Durchschnittsalter der Mitglieder aller großen politischen Parteien liegt bei sechzig Jahren. Die Anzahl ihrer Mitglieder hat sich in den letzten zwanzig Jahren halbiert. Die Wahlbeteiligung ist auf dem niedrigsten Stand seit Gründung der Bundesrepublik, bei Landtagswahlen geht in manchen Bundesländern weniger als die Hälfte der Wahlberechtigten zur Abstimmung. Was ist das? Das gelassene Schweigen der Mehrheit oder eben doch jene Agonie, die der parlamentarischen Demokratie von unterschiedlichsten Seiten prognostiziert wird?

Eine Krise, welche die Probe aufs Exempel macht, darf man sich nicht wünschen. Vielleicht wird es aber so weit gar nicht kommen.»Es scheint, als werde der Despotismus, sollte er bei den heutigen demokratischen Nationen sein Lager aufschlagen, andere Züge tragen: Er dürfte ausgedehnter und milder sein und die Menschen erniedrigen, ohne sie zu quälen«, schrieb Alexis de Tocqueville 1835 in seiner Abhandlung »Über die Demokratie in Amerika«. Wie modern das klingt! Der zitierte Ausblick bezieht sich übrigens ausdrücklich auf Europa. Vielleicht hatte Tocqueville eine realistischere Vorstellung von den Grenzen unseres politischen Gestaltungs- und Freiheitsdrangs. Das aber hinderte ihn nicht daran, an der Idee der Demokratie festzuhalten.

4.

Vor einigen Jahren wurde in Verbindung mit den hier beschriebenen Phänomenen der Begriff »Postdemokratie« eingeführt. Im letzten Jahr kam »postfaktisch« hinzu. Das Präfix »post« suggeriert in beiden Fällen einen Fortschritt. Wer Demokratie und Fakten hinter sich gelassen hat, ist offenbar schon einen oder mehrere Schritte weiter. Diese Perspektive zu teilen hat weitreichende Folgen, denn auf einmal erscheint die Demokratie, so wie sie in unserer Verfassung normiert ist, als sanierungsbedürftiges Relikt. Sanierungsbedürftig ist jedoch allein unsere Einstellung dazu. Nur wenn sich die Ansicht durchsetzt, dass eine sinnvolle politische Mitwirkung der Bevölkerung in diesem System möglich ist, wird es sich erhalten können. Für den Anfang bedeutet das wohl für jeden von uns, sich den richtigen Gebrauch der Freiheit wieder mehr bewusst zu machen und nicht beim Verfassen von Internetkommentaren oder Texten wie diesem stehen zu bleiben. Ich gebe zu, das ist eine unspektakuläre Pointe. Ihr etwas Konkretes folgen zu lassen – das wäre ein Schritt in eine neue Richtung.

Gisa Pauly
In der Vielfalt liegt die Würze

»Für alle, die gern kochen und mal was Neues ausprobieren wollen!« So hatte es Walter in den Prospekt der Volkshochschule geschrieben. Genauer wollte er es nicht definieren, schließlich kommt der Appetit ja bekannterweise beim Essen – oder, wie in Walters Seminaren, beim Kochen! »Studenten, die die Mensa leid sind, Männer, die von ihren Ehefrauen verlassen wurden, Yuppie-Pärchen, die international kochen wollen ... alles ist möglich.«

Am ersten Abend seines diesjährigen Kochkurses stand Walter vor dem Spiegel und prüfte zunächst sein eigenes Erscheinungsbild, eine Mischung aus Johann Lafer und Horst Lichter, bevor er den Seminarraum betrat und seine Kursteilnehmer musterte. Nach und nach ordnete er sie zielsicher in Schubladen ein (jedenfalls glaubte er, dass es ihm hervorragend gelang) und klatschte schließlich in die Hände.

»Willkommen, meine Damen und Herren. Ich sage es Ihnen gleich: In diesem Kochkurs ist alles möglich! Von gutbürgerlicher Küche oder raffinierter Kochkunst bis zu italienischen, portugiesischen, japanischen Gerichten – meinetwegen auch syrisch oder irakisch; hier können Sie alles lernen!« Walter machte eine Kunstpause, doch da offenbar niemand merkte, dass er auf Gelächter aus war, setzte er seine Ansprache fort – nicht aber ohne eine Miene aufzusetzen, die er sich in all den Jahren als Leiter des »Kochen für

Anfänger«-Seminars angewöhnt hatte, wenn es um koscheres Essen, Verzicht auf Schweinefleisch, vegetarische oder gar vegane Gerichte ging: tolerant, aber kritisch genug für eine städtische Volkshochschule. »Wenn Sie jedoch deutsche Küche bevorzugen ...« Er versuchte es noch einmal mit einem Grinsen à la Horst Lichter und griff sich an die Oberlippe, als wollte er seinen nicht vorhandenen Schnurrbart zwirbeln.

»Die Gerichte müssen nicht unbedingt deutsch sein«, ertönte eine Stimme aus der hintersten Reihe, die nicht so klang, als wäre sie amüsiert. Sie gehörte einem Mann, der aussah, als wäre mit ihm nicht gut Kirschen essen. »Ansonsten bin ich da wählerisch.«

»Wotan« stand auf seinem Namensschild, und der Name passte zu ihm, dachte sich Walter.

»Syrische oder irakische Küche? Nein, danke!«, ergänzte Wotan nun.

»Warum nicht?«, fragte Walter und lachte so lange, bis er merkte, dass er als Einziger lachte, und damit schnell wieder aufhörte. »Ich weiß auch gar nicht, wie in diesen Ländern gekocht wird«, ergänzte er hastig. »War ja nur ein Scherz.«

Daraufhin schien keiner mehr zu wissen, was er wollte, alle sprachen durcheinander, doch scheuten sie sich, es deutlich zu sagen. Schließlich traute sich eine junge Frau im hellgrauen Businesskostüm, das Thema zu wechseln: »Bitte keine Tiere, die noch als solche zu erkennen sind. Steaks, Schnitzel, Gulasch, mit so was habe ich gar kein Problem. Aber eine Gans oder ein Huhn – ohne mich!« Sie lächelte in die Runde, deutete auf ihr Namensschild und stellte sich vor: »Dietlinde.«

»Nelly.« Eine noch jüngere Frau in durchlöcherten Jeans rückte ihren Stuhl so, dass sich etwas Ähnliches wie ein Stuhlkreis ergab. Anscheinend hatte sie Erfahrung mit dieser Art von Seminaren, die mehr der Selbstfindung als der

Kochkunst dienten.»Ich bin durchaus an deutscher Küche interessiert. Ich engagiere mich nämlich für Flüchtlinge. Denen würde ich gerne Gerichte wie Sauerbraten, Kartoffelsalat und Erbsensuppe näherbringen. Die syrische, afghanische oder äthiopische Küche kann ich von meinen Schützlingen lernen, deswegen bin ich nicht hier. Aber sie möchten wissen, was man in Deutschland so isst und wie man es zubereitet, sie möchten sich integrieren, und dabei würde ich ihnen gerne helfen.«

Ein Mann, auf dessen grauer Anzugsjacke, die er gerade aufknöpfte, ein Schild mit dem Namen»Manuel« klebte, rief empört:»Für Kartoffelsalat und Erbsensuppe mache ich doch keinen Kochkurs! Das kann jeder, der seiner Mutter gelegentlich beim Kochen zugeguckt hat. Ich dachte an die französische Küche.«

Nelly schnappte ein.»Ich bin gefragt worden, da wird es mir ja wohl auch erlaubt sein, meine Meinung zu äußern.«

»Selbstverständlich!« Walter beeilte sich zu vermitteln.»Am besten, jeder sagt, was er erwartet, und dann einigen wir uns. Die Menschen sind nun mal verschieden. Und manche sind noch verschiedener als andere.« Auch diese Pointe verpuffte ohne Wirkung.

Bernd, der älteste der Teilnehmer, mit schwieligen Händen und Glatze, murmelte:»Mir egal. Hauptsache, lecker! Und bitte nichts, was man hier nicht kennt. Schlangen, Hunde und Singvögel esse ich nicht. Was im Ausland auf den Grill kommt ... das geht ja gar nicht.«

Die Mittvierzigerin dagegen, die Tessa hieß und von Bernd unverhohlen angehimmelt wurde, sprach sich für die italienische Küche aus. Auch deshalb, weil sie bekannt und beliebt sei und keine bösen Überraschungen biete.

Diese Idee wurde vom Seminarleiter favorisiert.»Mediterrane Kost ist leicht, gut bekömmlich und äußerst schmackhaft. Jedenfalls für den deutschen Durchschnittsbürger.«

Sein Kichern wollte in dieser Gruppe einfach kein Echo hervorrufen.

»Und was ist mit den Durchschnittsbürgern anderer Länder, die sich nach Deutschland flüchten mussten?«, fragte Nelly schnippisch.

Ehe Walter es mit einem weiteren flotten Spruch versuchen konnte, antwortete Manuel: »Die sollen froh sein, wenn sie überhaupt was kriegen.«

Nelly hatte schon den Mund zu einer empörten Antwort geöffnet, doch in diesem Augenblick betrat ein Nachzügler den Raum. »Entschuldigung! Mein Bus hatte Verspätung. Tut mir leid.«

Ein Mann von Mitte zwanzig mit dunklen Augen und schwarzen Haaren betrat den Raum, sportlich, aber sehr sorgfältig gekleidet.

Dietlinde scannte seine Jeans, das Hemd und die Lederjacke mit professionellem Blick und schien zufrieden zu sein. Sie nickte beifällig. »Entschuldigungen sind ja heutzutage leider nicht mehr an der Tagesordnung«, behauptete sie. »Wer sich entschuldigt, noch dazu für etwas, was er nicht zu verantworten hat, dem wird selbstverständlich verziehen.« Das klang gönnerhaft, aber sie hatte ein verführerisches Lächeln aufgesetzt.

Der Neuankömmling erklärte sich ebenfalls mit dem Erlernen der italienischen Küche einverstanden, und so trennte man sich schließlich zufrieden nach einem kleinen Grundkurs über Ernährungsfragen. Walter versprach, in der kommenden Woche mit guten italienischen Rezepten und vielen frischen Zutaten aufzuwarten. »Arrivederci, Signori!«

In der Woche darauf verteilte Walter feierlich die Kochschürzen. Die Stimmung war aufgekratzt, doch das kannte Walter schon – so war es in jedem Kurs, wenn die Teilnehmer zum ersten Mal den Kochlöffel schwingen durften.

Auch diesmal kam der Mann mit den schwarzen Haaren und den dunklen Augen zu spät, aber nur ein paar Minuten. »Es tut mir leid. Bitte entschuldigen Sie.«
»Ja, der öffentliche Nahverkehr in dieser Stadt ist wirklich eine Katastrophe!« Dietlinde demonstrierte Verständnis.
»Und wer sich so nett entschuldigt...«
»Wenn Sie wirklich der Meinung sind, dass in Deutschland niemand Manieren hat«, ging Nelly dazwischen, »dann kann ich nur sagen: Besuchen Sie mal eine Flüchtlingsunterkunft. Da herrscht ein sehr höflicher Ton.«
»Das wäre ja auch noch schöner!«, fing Manuel an, wurde aber von Walter unterbrochen, der die Rezepte verkündete:
»Zucchinisalat, Spaghetti aglio e olio und dann Pesce all'arancia. Rotbarschfilet in Orangensauce!« Lächelnd hielt er einen Bastzopf voller Knoblauchknollen in die Höhe. »Italienische Küche ohne aglio – das geht gar nicht.«
Dietlinde wurde unruhig. »Ich habe morgen ein wichtiges Meeting. Da kann ich nicht mit einer Knoblauchfahne erscheinen.«
Für Manuel galt das Gleiche. »Vorstandssitzung!«
Bernd stieß ihn in die Seite. »Ich dachte, wenn man zur Spitze gehört, kann man stinken, wie man will.«
Nelly schaltete sich ein. »Ach, in der Vorstandsetage stört es niemanden? Aber wenn ein Flüchtling nicht gut riecht, heißt es gleich: Die stinken alle.«
Walter witterte Unfrieden und zwirbelte nervös seinen imaginären Schnurrbart. »Knoblauch wird total unterschätzt.«
»Im Gegensatz zur Flüchtlingsfrage«, kam es von Wotan.
Walter ließ sich nicht beirren. »Bei Knoblauch kommt es immer auf die richtige Dosierung an. Eine ganze Knolle sieht zwar schön aus, schmeckt aber eher unangenehm. Eine Zehe ist bescheiden, fällt nicht weiter auf, ist unter Umständen kaum wahrnehmbar. Doch wenn man ihn gekonnt in ein Re-

zept integriert, dann gewinnt das fertige Gericht durch Knoblauch. Man weiß oft gar nicht, warum es so lecker ist. Der Grund ist oft eine einzige Knoblauchzehe.«

»Aber wehe, es werden zu viele«, ergänzte Tessa verächtlich. »Dann kann man das Essen ins Klo kippen.«

»Das ist alles Geschmackssache«, ereiferte sich Nelly. »Ich bin prinzipiell dagegen, Lebensmittel wegzuwerfen. Wenn es um Knoblauch geht, sind die Geschmäcker sowieso verschieden.«

»Stimmt!« Bernd nickte heftig. »Für mich ruhig viel davon! Ich habe einen hohen Zaun um mein Grundstück gezogen. Bei mir kommt sowieso keiner rein. Ich kann stinken, wie ich will.«

Nelly musterte Bernd von Kopf bis Fuß. »So so, hoher Zaun. Wovor haben Sie denn Angst?«

»In meiner Nähe ist ein Flüchtlingsheim errichtet worden.«

Wotan bellte: »Sind Ihnen die Kosten für den Zaun erstattet worden?« Er wartete Bernds Antwort nicht ab. »Natürlich nicht. Der deutsche Bürger muss selbst sehen, wo er bleibt.«

»Solange die nicht integriert sind, schützt du dich besser.« Das kam von Manuel. »Auch wenn's teuer wird.«

»Diese Schmarotzer!«, stieß Tessa hervor.

»Am besten, sie bleiben in ihren Baracken«, schlug Dietlinde vor. »Da stören sie nicht weiter. Wenn sie's dann geschafft haben, zu einem Teil dieser Gesellschaft zu werden, können sie meinetwegen raus.«

Nelly ereiferte sich. »Wie sollen sie das schaffen, wenn sich die Gesellschaft nicht öffnet?«

»Die Kinder sehen ja ganz niedlich aus«, überlegte Tessa. »Aber so fremd!«

Und Wotan bestätigte: »Wenn man sie allein trifft, sind sie ganz unscheinbar. Sie fallen nicht weiter auf, sind unter Umständen kaum wahrnehmbar...«

»Aber das fertige Gericht gewinnt…« Nelly schüttelte den Kopf und begann noch einmal: »Sorry, ich meine, die Gesellschaft gewinnt durch andere Kulturen. Wenn man tolerant ist und es zulässt.«

Manuel sah Walter nachdenklich an. »Sie meinen wirklich, auch die gehobene Küche braucht Knoblauch?«

»Unbedingt!«

»Knoblauch braucht niemand!«, warf Dietlinde ein und sah aggressiv von einem zum anderen.

Davon wollte Walter nichts hören. »Knoblauch gibt einem guten Essen erst die richtige Würze. Ohne Knoblauch schmeckt vieles fade.« Er blickte Manuel scharf an. »Sie müssen Ihre Einstellung zum Knoblauch ändern. Dann werden Sie jede Zehe lieben.«

Der attraktive junge Mann mit den dunklen Augen, der jedes Mal zu spät gekommen war, mischte sich in das Gespräch nicht ein. Er löste schweigend eine Zehe aus der Knolle.

Nelly sah mit einem Mal sehr nachdenklich aus. »Wie heißen Sie eigentlich?«, fragte sie schließlich.

Die Diskussion verstummte, und alle blickten auf den schweigenden jungen Mann.

»Aiham«, antwortete er, ohne aufzusehen.

»Sie sind…« Dietlinde wagte nicht es auszusprechen.

»Eine Knoblauchzehe, ja.«

Michael Peinkofer
Am Ende (der) Wahrheit

Was ist Wahrheit? Was Wirklichkeit?

Seien Sie unbesorgt, ich werde gar nicht erst den Versuch unternehmen, im Rahmen dieses Beitrags Begriffe zu klären, an denen sich schon sehr viel klügere Köpfe abgearbeitet haben. Es geht mir auch gar nicht um eine allgemeine Definition des Wahrheitsbegriffs oder um eine neue Diskussion des Realismus; sondern – denn als Autor ist dies mein Metier – um diejenige Form der Wahrheit, die in fiktiven Welten steckt.

Die populäre Kultur, und hier ganz besonders das fantastische, dem Weltraum wie dem Übernatürlichen aufgeschlossene Genre, hat seit jeher gesellschaftliche wie zeitpolitische Strömungen reflektiert: Die Alien-Invasionen der Fünfzigerjahre waren ein kaum verschleierter Ausdruck grassierender Kommunistenangst, die negativen Utopien der frühen Siebzigerjahre Zeichen eines wachsenden Misstrauens gegen die Staatsgewalt. *Star Wars* markierte im Kino die Wende zu einem gesellschaftlichen Aufbruch, die vom Wettrüsten geprägten Achtzigerjahre schlugen sich in einem rückblickend erstaunlichen Hang zur Materialität nieder. Die Neunzigerjahre wurden, bei aller Entspannung zwischen den einst unversöhnlichen Machtblöcken, seltsamerweise nicht das Jahrzehnt der positiven Utopien, sondern brachten die Rückkehr des Desasterstreifens: Mit neuartigen, computergenerierten

Tricktechniken zelebrierte Hollywood genüsslich die Apokalypse, der die Welt zum Glück entgangen war – von den Amok laufenden Dinosauriern des *Jurassic Park* bis hin zu Roland Emmerichs *Independence Day*, in dem nicht nur das ehrwürdige Weiße Haus, sondern auch das Empire State Building und mit ihm ganz Manhattan von außerirdischen Invasoren eingeäschert wurden. Auch die apokalyptischen Schrecken, die mancher im Hinblick auf die Jahrtausendwende sehen wollte, blieben glücklicherweise aus. Der geweissagte Weltuntergang fand nur im Fernsehen und im Kino statt.

Dichtung und Wahrheit

Der Tag, an dem sich das Verhältnis von Fiktion und Wirklichkeit änderte, lässt sich genau bestimmen – es war der 11. September 2001. An diesem Tag hielt wie in einer seltsamen, aberwitzigen Verkehrung der Dinge, die den Romanen Philip K. Dicks alle Ehre gemacht hätte, die fiktionale Bildsprache des Blockbusterkinos in der Wirklichkeit Einzug: Verkehrsflugzeuge, die in zwei gigantische Wolkenkratzer gelenkt werden, die daraufhin kollabieren und ein ganzes Stadtviertel unter einer Flut von Trümmern, Schutt und Staub begraben, hätte man bis dahin wohl nur im Kino vermutet; als ebenso spektakuläre wie verstörende Eröffnung eines Actionstreifens, die dem Helden die Rechtfertigung gibt, mit allen zu Gebote stehenden (Gewalt-)Mitteln gegen die Urheber des Anschlags vorzugehen. In Actionheldenmanier ließ sich der damalige US-Präsident denn auch in Szene setzen, auf Flugzeugträgern und anderen Monumenten militärischer Macht. Hatten nun die PR-Strategen des Präsidenten bewusst auf die Bildsprache Hollywoods gesetzt? Oder hatten sich die Terroristen des 11. September von Hollywood inspirieren lassen? Schließlich wurden schon viele Symbole US-amerikanischen Nationalbewusstseins im Kino Opfer feindlicher Attacken, vom bereits erwähnten Weißen Haus bis hin zu den in Stein gemeißelten Präsidentenantlitzen des Mount Rushmore... Man wird den Eindruck nicht los, dass Fiktion und Wirklichkeit in jenen Tagen eine unselige Verbindung eingegangen sind, die seither nicht wieder gelöst wurde. Im Gegenteil hat man immer öfter das Gefühl, sich in einem Film zu befinden. Keinem besonders guten Film zugegebenermaßen, aber einem, dessen Autoren sich alle Mühe geben, die Grenzen zwischen Fiktion und Wahrheit so lange zu verwischen, bis das eine nicht mehr vom anderen zu unterscheiden ist. Und in der Grauzone dazwischen gedeihen Misstrauen, Argwohn und Furcht.

Die Annahme, dass in einer Ära weltweiter Datennetze, in der Bilder allgegenwärtig und Informationen zu jeder Zeit verifizierbar sind, die Lüge keine Chance hat, hat sich als irrig erwiesen. Allein die Flut der Bilder, die täglich über uns hereinbricht, macht es dem Einzelnen unmöglich, objektive Vergleiche anzustellen. Suchmaschinen mit ihren auf Optimierung bedachten Algorithmen lösen das Problem ebenfalls nicht, sondern verstärken es nur, da sie den Blickwinkel einengen, statt ihn zu erweitern. Und so geht es den Mächtigen dieser Welt vielfach nicht mehr um das, was auf Bildern zu sehen ist, sondern vielmehr um die Deutungshoheit darüber: Nicht das Bild selbst liefert die Wahrheit, sondern, ganz wie im Film, die Handlung, in die es eingebettet ist. So können scheinbar eindeutige Aufnahmen, die die halb verlassene Washingtoner National Mall zum Zeitpunkt der Vereidigung des neuen US-Präsidenten zeigen, von dessen Gegnern als Beweis mangelnder Popularität gewertet werden – und von seinen Befürwortern als Indiz dafür, dass eine Verschwörung der Medien gegen das neu gewählte Staatsoberhaupt im Gang ist.

Regeln der Kunst
Wer eine fiktive Geschichte erzählt, sei es in einem Roman oder im Film, erstellt sich dafür seine eigenen Regeln: Er baut seine eigene Welt, bevölkert sie mit Protagonisten und ersinnt seine eigene Wirklichkeit. Populistische Politik folgt im Grunde denselben Regeln, denn die strikte Leugnung von Tatsachen, die Diffamierung von Gegnern sowie das konsequente Verbreiten von Unwahrheiten dienen im Grunde nur dem einen Ziel, eine Tabula rasa zu schaffen, ein leeres Blatt Papier, das neu beschrieben werden kann. Althergebrachte Regeln werden über den Haufen geworfen, die Rollen umverteilt: Verbündete werden zu Rivalen erklärt, alte Gegner zu Freunden: Wirklichkeit soll neu definiert und die eigene Geschichte geschrieben werden, und das nicht nur im fiktiven, sondern durchaus auch im historischen Sinn. So nimmt es auch nicht wunder, wenn die PR-Beraterin des amerikanischen Präsidenten kaltschnäuzig erklärt, der Pressesprecher des Weißen Hauses habe »alternative Fakten« präsentiert. Alternativ wozu? Zur Wirklichkeit? Wahrheit war zu allen Zeiten der Menschheitsgeschichte ein zerbrechliches Gut. Oft genug gehörte sie jenen, die sie lauter (und unverschämter) für sich zu reklamieren wussten – dass wir sie ausgerechnet im modernen Informationszeitalter zu verlieren drohen, ist beschämend.

Auch was moralische Werte betrifft, bewegen wir uns längst nicht mehr auf so gesichertem Terrain, wie wir uns gerne einreden möchten. Zwar greifen Politiker gerade der populistisch agierenden Parteien in ihren Reden gerne zu den altbewährten Mustern von Gut und Böse, doch dienen sie nur als Behältnisse, die je nach Bedarf befüllt werden. Für den einen sind die *bad guys* mexikanische Bürger, die in die USA einwandern wollen; für den anderen sind es pauschal Menschen aus Nordafrika, die sehnsuchtsvoll gen Norden blicken und auf den Wohlstand in Europa. Und so werden, um die Rollen von Gut und Böse entsprechend zu verteilen, auch Halbwahrheiten ins Feld geführt, Zahlen manipuliert, falsche Nachrichten gestreut und verbale Tabus gebrochen, stets mit der machiavellistischen Rechtfertigung, dass man wie der einsame Held eines Actionstreifens mit dem Rücken zur Wand stehe und der Zweck die Mittel heilige. Nach den Fakten – auch diese Faustregel kennen wir aus Hollywood – fragt keiner mehr, wenn die Effekte stimmen und es scheinbar brenzlig wird. Angst hält nicht nur Zuschauer bei der Stange, sondern auch Wähler.

Der Winter naht
»Relativierung« heißt das Zauberwort. Wenn Populisten mit Begriffen wie Gut und Böse hantieren, geht es ihnen nicht um abstrakte, allgemeingültige Wertvorstellungen, sondern darum, diese aufzuweichen. Auch seine Anhänger wissen, dass der amtierende US-Präsident vermutlich wiederholt Frauen sexuell belästigt und sich in seinem unrühmlichen *locker room talk* auch noch damit gebrüstet hat – aber er sei eben auch genau der Mann, den die USA in dieser dunklen Stunde brauche, um sie zurück ins Licht zu führen; und natürlich verirren sich in die verbalen Tiraden des einen oder anderen AfD-Mitglieds auch Töne, die als rassistisch oder antisemitisch verstanden werden können – aber das ändert für viele selbstredend nichts an den grundlegend guten Absichten dieser Partei. Die Welt, so ist dann gerne zu hören, sei eben kompliziert und bestehe nicht aus Schwarz und Weiß, sondern aus Grautönen – und auch das ist etwas, was wir aus dem Fernsehen kennen, denken wir an Serien wie *Dexter*, *Breaking Bad* oder *House of Cards*, die genüsslich Übeltäter zu Helden machen, indem sie deren menschliche Aspekte beleuchten. Oder natürlich an die Mutter des TV-Dramas: *Game of Thrones*. Nur bei oberflächlicher Betrachtung ein Fantasystück über eine archaische Welt am Vorabend eines

apokalyptischen Winters, blickt die Serie in menschliche Abgründe und ist so berühmt wie berüchtigt dafür, mit der Erwartungshaltung des Zuschauers zu spielen. Kein Protagonist ist sicher, alle können sterben, so lautet das Credo, und genau wie die Romanvorlage bindet auch die Serie den Rezipienten emotional so eng an die Charaktere, dass er nicht nur mit diesen leidet, sondern sie auch durch sämtliche Höhen und Tiefen ihrer Existenz begleitet: Jaime Lannister, einer der Protagonisten, ist auf den ersten Blick ein ruchloser Intrigant, der blutschänderischen Ehebruch mit der eigenen Schwester begeht und auch vor kaltblütigem Mord an Unschuldigen nicht zurückschreckt. Und doch gewinnt diese Figur mit Fortgang der Serie immer mehr an Tiefe und Tragik und erweckt, als sie brutal verstümmelt wird, tatsächlich Mitgefühl. Den Leser bzw. Zuschauer an diesen Punkt zu bringen ist ein Meisterstück dramaturgischer Manipulation, vor dem man als Autorenkollege nur tief den Hut ziehen kann, und solange sich diese Manipulation nur auf fiktive Welten und Figuren erstreckt, ist daran auch nichts auszusetzen. Leider werden dieselben Kniffe auch von anderen, sehr viel realeren Zeitgenossen genutzt.

Relative Wahrheit

Manipulation durch Emotionalisierung gehört zum grundlegenden Handwerkszeug von Autokraten und solchen, die es werden wollen. Wem es nicht gelingt, bei seinen Zuhörern Emotionen zu wecken, der hat schon verloren – und während es eine hohe Kunst ist, Gefühle wie Hoffnung, Freude oder gar Zuversicht hervorzurufen, ist die Evokation von negativen Empfindungen schon sehr viel einfacher zu bewerkstelligen. Furcht, Zorn, aggressive Gefühle – die dunkle Seite der Macht hat es nicht nur in den *Star-Wars*-Filmen leichter. Und ist die gewünschte Stimmung erst hergestellt, sind potenzielle Wähler leicht zu beeinflussen, selbst definite Bilder als Träger scheinbar absoluter Wahrheit können dann von alternativen Fakten infrage gestellt werden. Das Verfälschen von Tatsachen zum Zwecke der Beeinflussung hat freilich einen Namen: Propaganda. Die Bezeichnung, zur Zeit der Französischen Revolution entstanden, wurde in Nazideutschland zu bis dahin ungekannter Entfaltung gebracht und zum Inbegriff manipulativer Einflussnahme. Wahrheit wurde gezielt gebeugt, die Wirklichkeit zum eigenen Nutzen gedeutet und damit eine neue Realität geschaffen, deren Grundlage die niedersten Ausschläge im Spektrum menschlicher Emotionen bildeten: Furcht und Hass befeuerten die Lügenmaschinerie des Nationalsozialismus, und es ist jener bewährte Treibstoff der Diktatur, der in unseren Tagen sein triumphales Comeback feiert.

Wer die Wähler manipulieren, wer die Wirklichkeit in seinem Sinne deuten will, bedarf dazu zwingend der Furcht, weshalb wir nicht das Zeitalter der großen Visionen erleben, in dem wir uns noch zu Beginn des neuen Jahrtausends wähnten, sondern der Angst und der tiefen Verunsicherung. Und weil Furcht ein so integraler Bestandteil populistischer Politik ist, wie sie sich überall in Europa wachsender Beliebtheit erfreut, sind Vertreter der betreffenden Parteien nicht im Geringsten daran interessiert, Probleme zu lösen – ihnen geht es vor allem darum, diese aufzuzeigen und durch Vorlage scheinbarer Fakten möglichst noch größer erscheinen zu lassen, als sie es tatsächlich sind. Ein Wähler, der Furcht verspürt und sich ohnmächtig fühlt, so das Kalkül, wird früher oder später in Wut verfallen. Und ebendiese Wut, dieses Gefühl, mit dem Rücken zur Wand zu stehen und keine andere Wahl zu haben, als extreme Maßnahmen zu ergreifen, ist es, die den Populisten nützt und sie in die Schaltstellen der Macht befördert, wo die selbst ernannten Volkstribunen dann gerne ihre Wurzeln vergessen und diktatorische Züge annehmen. Die gute Nachricht: Der Bürger darf sein Smartphone behalten, sein Streaming-Abo und auch seinen SUV. Die Revolution findet auf anderer Ebene statt, ist ebenso leise wie subversiv. Die Diktatur heutiger Tage verordnet nicht, sie erteilt nicht Rede- und Denkverbot, jedenfalls nicht sofort ... sondern bringt uns zu der Erkenntnis, dass letztlich nichts eine Rolle spielt und alles relativier- und somit verhandelbar ist. Sogar die Freiheit.

Der Joker lacht
Ich gehöre nicht zu denen, die das Ende der Demokratie herbeireden wollen. Doch wenn Furcht zur politischen Vision und Zerstörung zum Selbstzweck wird, ist Widerstand angezeigt. Gegen jene, die sich die Gunst des Volkes durch alternative Fakten erschleichen und all das beseitigen wollen, was der westlichen Welt in den letzten sieben Jahrzehnten Sicherheit beschert hat. Man beteuert, an Frieden und Wohlstand festhalten zu wollen, und hat doch die Abschaffung der bestehenden Verhältnisse im Sinn, für die man – freilich ohne es laut auszusprechen – auch die Gefahr neuer Kriege und Konflikte billigend in Kauf nimmt. Die nationalstaatlichen Konzepte und bilateralen Abkommen, die mit einer Verve angepriesen werden, als habe man das Rad neu erfunden, wurden im Laboratorium der Geschichte bereits getestet und haben in die großen Katastrophen des 20. Jahrhunderts geführt. Und es ist sicher kein Zufall, dass derlei Ideen gerade jetzt wieder populär werden, da die letzte noch vom Krieg geprägte Generation aus dieser Welt scheidet und nicht mehr da ist, um zu mahnen. Davon jedoch wollen die neuen Ordner der Welt ohnehin nichts hören, so als ob jenes blutigste Jahrhundert der Menschheitsgeschichte niemals stattgefunden hätte und jede Generation das natürliche Recht hätte, erneut mit Anlauf gegen die Wand zu rennen. Ist die Menschheit wirklich nicht in der Lage, aus gemachten Fehlern zu lernen? Oder geht es in Wahrheit gar nicht darum?

Auch hier hat Hollywood in einer weiteren verstörenden Überlagerung von Wirklichkeit und Fiktion eine mögliche Antwort parat. In Christopher Nolans *The Dark Knight* gibt es eine Schlüsselszene, die mir im Kino kalte Schauer über den Rücken jagte, obschon damals, im Jahr 2008, die Welt noch vergleichsweise in Ordnung schien: Nachdem »Batman« Bruce Wayne erfolglos versucht hat, hinter die Motive des Jokers zu kommen, jenes gefährlichen, im Übrigen zutiefst narzisstischen Verbrechers, argumentiert der weise Butler Alfred, dass da womöglich gar keine tiefere Motivation zu finden sei, und schließt mit einem Satz von schlichter Weisheit und geradezu beklemmender Aktualität: »Manche Menschen wollen die Welt einfach brennen sehen.«

Michael Schmidt-Salomon
Die offene Gesellschaft steht auf dem Spiel

Es gibt diese sonderbaren Zufälle im Leben: Ausgerechnet an dem Tag, an dem Donald Trump als 45. US-Präsident in Washington vereidigt wurde, knapp zwei Stunden nach seiner Antrittsrede, in der er die Prinzipien der Demokratie und des interkulturellen Austausches attackierte, hatte ich die Ehre, über die »Verteidigung der offenen Gesellschaft« am Deutsch-Amerikanischen Institut in Heidelberg zu referieren – in jenem altehrwürdigen »Amerikahaus«, das die USA nach dem Zweiten Weltkrieg gegründet hatten, um die Deutschen für die Werte der Demokratie und die transatlantischen Beziehungen zu erwärmen.

Trumps Rede hatte ich zuvor im Hotelzimmer verfolgt. Sie war oberflächlich, überheblich, brandgefährlich – entsprach also exakt dem, was man von dem neuen US-Präsidenten erwarten musste. Sein Auftreten war geradezu ein Musterbeispiel für den sogenannten Dunning-Kruger-Effekt, den ich in meinem Buch »Die Grenzen der Toleranz« beschrieben hatte: Wer besonders wenig Kompetenz besitzt, der verfügt oft auch nicht über die Kompetenz zu erkennen, *wie* wenig Kompetenz er besitzt – und ist gerade deshalb in besonderem Maße von sich selbst überzeugt.

Obgleich Donald Trump die perfekte Verkörperung dieser Wahrnehmungsverzerrung darstellt, hatte ich im Buch darauf verzichtet, seinen Namen in diesem Zusammenhang zu erwähnen. Tatsächlich taucht er nur ein einziges Mal im Text auf – und zwar im Rahmen einer Analyse der ideologischen Gemeinsamkeiten der Rechtspopulisten weltweit. Dort heißt es: »Wohin man auch schaut, ob nach Polen oder Ungarn, in die Schweiz oder nach Österreich, nach Frankreich, Russland oder in die USA: In nahezu jedem nichtmuslimischen Land kam es in den letzten Jahren zu einem Schulterschluss von Nationalisten und christlichen Rechten. Die einzelnen Bewegungen gleichen sich so sehr in ihrer rückwärtsgewandten Identitätspolitik, dass es fast schon egal ist, ob ihre politischen Galionsfiguren Donald Trump, Wladimir Putin, Viktor Orbán, Jarosław Kaczyński, Marine Le Pen, Christoph Blocher oder Frauke Petry heißen.«

Ich hatte diese Passage Ende April 2016 geschrieben – zu einem Zeitpunkt, als die meisten Beobachter Trump noch keine realistischen Chancen auf das Präsidentenamt einräumten. Einer der Vorableser des Textes riet mir sogar, »den Namen dieses Politclowns« aus der Aufzählung zu streichen, da »sich schon bald kaum noch jemand an ihn erinnern wird«. Dies sah ich jedoch deutlich anders. Denn Trumps Wahlkampfteam hielt sich geradezu sklavisch an das Rezept, das Rechtspopulisten in anderen Teilen der Welt Erfolg beschert hatte. Und ich war mir sicher, dass diese eigentümliche Mischung aus nationalem Chauvinismus, streng konservativen »christlichen Werten« und dem Aufbegehren gegen »die Eliten« gerade in den USA auf fruchtbaren Boden fallen würde.

Make America Great Again

Nach der Präsidentschaftswahl rätselten viele Journalisten über die Gründe von Trumps Erfolg sowie über die Agenda seiner Regierung. Dabei hätten sie bloß einen alten Vortrag seines Chefstrategen Steve Bannon lesen müssen. Bereits im

Sommer 2014, also ein Jahr *vor* der Bekanntgabe von Trumps Kandidatur, skizzierte Bannon im Rahmen eines rechtskonservativen Kongresses im Vatikan (!) die zentralen Ziele, Strategien und Erfolgsaussichten der »globalen Tea-Party-Bewegung«. Darunter verstand er eine in vielen westlichen Ländern beheimatete »Mitte-rechts-Bewegung«, die sich zu den sozialkonservativen Werten des »jüdisch-christlichen Abendlandes«, zum Patriotismus sowie zur »freien Marktwirtschaft« bekennt.

Mit wachsendem Erfolg, so Bannon, setze sich diese Bewegung gegen die »Verursacher der Krise« zur Wehr – als da wären: *erstens* der Säkularismus, der durch eine weitreichende Schwächung der religiösen Werte und Institutionen dazu geführt habe, dass »der Westen« seine eigenen Prinzipien nicht mehr verteidigen könne, *zweitens* der Islam, der sich aufgrund des Fehlens religiöser Widerstandskräfte im Westen ungehindert ausbreiten könne, *drittens* internationale politische Institutionen wie die *UN* oder die *EU*, die darauf angelegt seien, »nationale Identitäten« zu zerstören und die Freiheiten der Bürgerinnen und Bürger zu beschneiden, sowie *viertens* eine verantwortungslose »Vetternwirtschaft«, die nur »den Eliten« (etwa an der Wallstreet oder in Washington) nutze und zur Verarmung großer Bevölkerungsteile führe.

Der letzte Punkt mag erstaunen. Bannons Angriffe auf den Finanzkapitalismus und seine Solidaritätsbekundungen gegenüber Arbeitern und Arbeitslosen klingen im ersten Moment nicht nach neurechter Propaganda. Tatsächlich aber sind dies wesentliche Elemente der neuen Tea-Party-Ideologie, die erklären, warum Donald Trump gerade auch von ärmeren Bevölkerungsgruppen gewählt wurde. Aus Sicht der Tea-Party-Bewegung – dies macht Bannons Text deutlich – ist der Kapitalismus regelrecht aus den Fugen geraten, seitdem er verstärkt auf globaler Ebene agiert und hierdurch zunehmend multinationale und multikulturelle Züge angenommen hat. Diesem als »unamerikanisch« empfundenen »Multikultikapitalismus« setzen die Traditionalisten die Heilsbotschaft eines »neuen« (in Wahrheit allerdings antiquierten, an die vermeintlichen »goldenen Zeiten« der Reagan-Ära oder sogar an die »guten Fünfzigerjahre« erinnernden) Kapitalismus entgegen, der auf dezidiert christlichen und patriotischen Werten beruht.

Aus diesem Grund steht die Wiederbelebung des christlich-konservativen Patriotismus ganz oben auf der Agenda der Trump-Administration. So unterschiedlich Donald Trump und sein Vizepräsident Mike Pence auf den ersten Blick auch erscheinen mögen, in diesem Punkt sind sie sich einig: Beide glauben fest daran, dass eine stärkere Besinnung auf Religion (»In God We Trust«) und Nation (»America First«) unerlässlich ist, um die USA »great again« zu machen.

Die Gründe für Trumps Wahlerfolg

Weshalb hat diese unzeitgemäße (um nicht zu sagen: reaktionäre) Botschaft so großen Anklang bei den amerikanischen Wählern gefunden? Eine wichtige Rolle spielte hierbei die zunehmende Ungleichverteilung von Einkommen und Vermögen in den USA. Die Schere zwischen Arm und Reich ist dort nämlich deutlich weiter aufgegangen als in den meisten anderen Industrienationen. Tatsächlich könnte man im Hinblick auf die amerikanische Gesellschaft beinahe von »neofeudalen Verhältnissen« sprechen, da die Eliten kaum noch etwas tun müssen, um ihren Status zu erhalten, während die unteren Schichten kaum etwas tun können, um ihren Status zu verbessern.

Dies schürt natürlich den Hass auf »die Eliten«, den Trump im Wahlkampf ausschlachtete. Zudem macht es die Bürgerinnen und Bürger empfänglich für religiös-nationalistische Propaganda. Warum? Weil Menschen, die sich aufgrund fehlender persönlicher Aufstiegschancen als Individuen nicht mehr wahrgenommen fühlen, dazu neigen, sich verstärkt als Gruppenmitglieder zu begreifen und sich in dieser Eigenschaft über die Mitglieder anderer (religiöser, nationaler oder ethnischer) Gruppen zu erheben. Schließlich lassen sich die Defizite eines angekränkelten Ich-Bewusstseins mithilfe eines übersteigerten Gruppenbewusstseins leicht kompensieren – was erklärt, warum Trump mit seinen Ausfällen gegenüber Mexikanern und Muslimen regelrechte Begeisterungsstürme auslöste.

Damit eine derart plumpe Abgrenzungsrhetorik funktionieren kann, bedarf es allerdings einer weiteren Voraussetzung: Rechtspopulisten wie Trump benötigen Wählerinnen und Wähler, die weitestgehend unempfindlich gegenüber logischen Widersprüchen sind. Auch in dieser Hinsicht spielten die Verhältnisse Trump in die Karten. Denn in den USA (wie in vielen anderen Ländern der Welt) klafft nicht nur die Schere zwischen Arm und Reich weit auseinander, sondern auch die Schere zwischen Gebildeten und Ungebildeten, genauer: zwischen rational denkenden Menschen, die komplexe Zusammenhänge begreifen und auf Basis von Faktenwissen argumentieren, und jenen, die aufgrund mangelhafter Bildung oder ideologischer Indoktrination ein unterkomplexes Weltbild besitzen, empirische Belege ignorieren und auf jede noch so krude Wahnidee hereinfallen.

Es ist wichtig, diesen Aspekt in seiner Bedeutung zu erfassen. Denn viele Beobachter nehmen Donald Trump noch immer aus einem bestimmten Grund nicht ernst, nämlich weil es ihm mit spielerischer Leichtigkeit gelingt, das intellektuelle Niveau selbst eines George W. Bush zu unterschreiten. In Wahrheit aber war und ist dies das Geheimnis seines Erfolgs, denn als »präsidialer Stammtischbruder« spricht Donald Trump exakt das aus, was viele Durchschnittsbürger denken. In dieser Hinsicht ist Trump tatsächlich, was er zu sein vorgibt: ein Vertreter des »einfachen Mannes«. Wie dieser verachtet auch er die »Bildungselite«, deren Argumente er nicht versteht, die er aber dennoch als Gefahr wahrnimmt, weil sie sein einfach strukturiertes Weltbild zum Einsturz bringen könnten. Daher richtet sich Trumps viel beschworener »Kampf gegen die Elite« auch nicht primär gegen die »Elite des Geldes«, der er selbst angehört (wie auch einige seiner Minister – das Kabinett Trump ist um das Dreißigfache reicher als das keineswegs unterprivilegierte Kabinett seines Vorvorgängers George W. Bush!), sondern vielmehr gegen die »Elite des Geistes«: gegen Wissenschaftler, Philosophen, Künstler, Juristen, Journalisten, Intellektuelle – letztlich gegen jeden, der sich weigert, seinen Verstand so weit abzuschalten, dass er der Agenda der neuen US-Administration folgen kann.

Alternative Fakten
Sucht man nach dem hervorstechendsten Merkmal trumpscher Regierungskunst, so ist es die Missachtung sämtlicher Standards der rationalen Argumentation. Die unzähligen Widersprüche in Trumps Aussagen, seine Vorliebe für »postfaktische Argumente«, sein Beharren auf »alternativen Fakten«, seine Verrisse von juristischen Beweisführungen und naturwissenschaftlichen Belegen – all dies sind keine zufälligen Erscheinungen, in ihnen offenbart sich vielmehr eine gefährliche Aushöhlung des Wahrheitsbegriffs: Offenkundig gibt es für Donald Trump keine intersubjektiv gültigen Wahrheiten, auf die man sich anhand rationaler Kriterien verständigen könnte, sondern bloß subjektive Meinungen, die entweder »great« sind, wenn sie seinen eigenen Interessen entsprechen, oder »Lügenpropaganda«, wenn sie diesen Interessen zuwiderlaufen.

In Trumps Welt wird die Güte eines Arguments nicht

durch Logik und Empirie bestimmt, sondern durch denjenigen, der die Macht dazu hat, Argumente anzunehmen oder zu verwerfen. Und diese Macht liegt nun bei ihm, was das amerikanische Forschungs- und Bildungssystem schnell zu spüren bekam. Bekanntestes Beispiel: Der Übergang von Obama zu Trump war kaum vollzogen, da erhielten die amerikanischen Umweltschutzbehörden schon die Anweisung, sämtliche Daten von ihren Webseiten zu löschen, die Trumps Haltung zum Klimawandel widersprechen.

Weniger beachtet, aber nicht minder folgenreich ist die von Bildungsministerin Betsy DeVos forcierte Förderung privater Schulen zulasten des öffentlichen Schulsystems. Denn diese Schulen werden größtenteils von evangelikalen Christen betrieben, was aus Sicht der Regierung den Vorteil mit sich bringt, dass sie lästige wissenschaftliche Erkenntnisse (insbesondere die Evolutionstheorie) ignorieren und sich mit aller Kraft der Vermittlung christlich-patriotischer Werte widmen können. Dem politischen Rückhalt in der Bevölkerung wird dies mit Sicherheit nicht schaden, denn: »Auf hohlen Köpfen ist gut trommeln« (Karlheinz Deschner).

Letzteres hat der russische Präsident Wladimir Putin schon vor Jahren erkannt. Wie sein amerikanisches Pendant Trump setzt auch er auf die Stärkung religiös-nationalistischer Werte, weshalb er engen Kontakt zur russisch-orthodoxen Kirche hält, die immer mehr die Funktion einer Staatskirche übernimmt. Deshalb ließ Putin Tausende neuer orthodoxer Kirchen bauen, forcierte das neue Schulfach »Grundlagen der orthodoxen Kultur« und unterstützte sogar die »Russische Erklärung der Menschenrechte«, die die Gültigkeit individueller Rechte davon abhängig macht, ob sie mit den »Werten des Glaubens« übereinstimmen – eine erschreckende Parallele zur »Kairoer Erklärung der Menschenrechte«, die individuelle Rechte nur unter der Voraussetzung anerkennt, dass sie im Einklang mit der Scharia stehen.

Wie die amerikanische Tea Party setzt sich auch Putin dafür ein, das Modell der christlichen Familie mit einer klaren Rollendefinition von Mann und Frau zu stärken, und sorgte für entsprechende Gesetze gegen »homosexuelle Propaganda«. Und wie die Tea Party pflegt auch der russische Präsident enge Beziehungen zu Rechtspopulisten in aller Welt. Nicht zuletzt deswegen wird Putin von Marine Le Pen als Verteidiger des »christlichen Erbes der europäischen Zivilisation« gefeiert, der, wie sie meinte, seine enormen Führungsqualitäten bereits dadurch beweise, dass er sich der »internationalen Homolobby« (!) nicht unterwirft.

Die Internationale der Nationalisten
Steve Bannon hat den Erfolg der Rechtspopulisten schon 2014 antizipiert und 2016 mit Donald Trump auf das richtige Pferd gesetzt. Dennoch war seine Charakterisierung des internationalen Rechtspopulismus als »globale Tea-Party-Bewegung« irreführend. Denn längst nicht alle rechtspopulistischen Kräfte folgen dem marktliberalen Programm der Amerikaner so getreu wie die deutsche AfD. Dies zeigt schon das Beispiel Wladimir Putins, der in seiner Politik auf ebenjenen »starken Staat« setzt, den Bannon, Trump & Co. weitgehend zerschlagen wollen.

Die große Schnittmenge der Rechtspopulisten liegt daher nicht im Wirtschaftskonzept, sondern in der politischen Instrumentalisierung sogenannter religiöser und nationaler Werte. Dabei steht in den westlichen und osteuropäischen Ländern tatsächlich die Verteidigung des »christlichen Abendlandes« im Vordergrund, doch dies ist keineswegs überall der Fall. Steve Bannon selbst ging 2014 in seiner Vatikanrede auf den überwältigenden Wahlsieg von Narendra Modi in Indien ein, der seine Politik ebenfalls auf Nationalismus und Religion gründet – nur dass er sich auf die Werte des traditionellen Hinduismus bezieht statt auf das Christentum. Hätte Bannon nur ein Stückchen weiter geschaut, hätte er einräumen müssen, dass die religiös-nationalistische Strategie, die er einfordert, jenseits des weltanschaulichen Grabens, nämlich in der islamischen Welt, längst angewandt wird. Im Grunde wäre der türkische Präsident Recep Tayyip Erdoğan ein leuchtender Repräsentant der »globalen Tea-Party-Bewegung« – würde er nicht das falsche Land und die falsche Religion vertreten.

Dies wiederum zeigt, dass die »Tea-Party-Bewegung« keineswegs so »global« ist, wie Bannon meinte. Weltumspannend ist vielmehr die »Internationale der Nationalisten«, die sich in den letzten Jahren formiert hat. Statt mit einer »globalen Tea Party« sind wir mit dem Aufstieg eines neuen jüdischen, christlichen, muslimischen und hinduistischen Nationalismus konfrontiert, der in den einzelnen Ländern mit unterschiedlichen konfessionellen Schwerpunkten auftritt, zum Beispiel katholisch in Polen, Ungarn und Frankreich; protestantisch in den USA, in England und der Schweiz; orthodox in Russland, Griechenland und Serbien; sunnitisch in der Türkei, in Ägypten und Saudi-Arabien; schiitisch im Iran, im Irak und in Syrien.

Bekanntlich sind einige dieser Fraktionen heftig untereinander verfeindet – und doch verbindet sie eine große Gemeinsamkeit. Denn sie alle richten sich gegen die kulturellen Begleiterscheinungen der Moderne, gegen Liberalisierung, Pluralisierung, Individualisierung, Säkularisierung, gegen die Rechte von Frauen und Schwulen, gegen den weltanschaulich neutralen Staat, gegen die Prinzipien der offenen Gesellschaft. Mit einem Wort: Sie sind politische Auffangbecken für diejenigen, die mit den beschleunigten Veränderungszyklen der globalisierten Welt nicht Schritt halten können und alles daransetzen, ihr angestammtes kulturelles Getto gegen das vermeintlich »Feindliche« des »Fremden« zu verteidigen.

Was tun?

Es wäre ein verhängnisvoller Fehler, würden nun auch die Westeuropäer dem globalen Trend zur geschlossenen Gesellschaft folgen. Angesagt ist vielmehr das exakte Gegenteil: Wir müssen uns noch stärker für die Prinzipien der offenen Gesellschaft einsetzen, müssen uns noch entschiedener zu den Idealen der Freiheit, Gleichheit, Individualität und Säkularität bekennen, müssen noch sehr viel deutlicher artikulieren, dass es für den Wert eines Menschen völlig unerheblich ist, an welchen Gott er glaubt oder ob er überhaupt an einen Gott glaubt, ob er hetero- oder homosexuell veranlagt ist, ob er dem männlichen oder dem weiblichen Geschlecht zuzuordnen ist (oder keinem von beiden), ob er eine helle oder dunkle Hautfarbe hat, ob er alt oder jung ist, ob er in eine reiche oder arme Familie hineingeboren wurde oder ob seine Eltern aus der direkten Nachbarschaft stammen oder aus einem völlig anderen Teil der Welt.

Vor allem gilt es heute, die Ursachen zu bekämpfen, die zum Aufstieg der Internationale der Nationalisten geführt haben, nämlich soziale Ungerechtigkeit und mangelhafte Bildungssysteme. Wir müssen die Schere zwischen Arm und Reich schließen, um höhere Chancengleichheit zu schaffen. Und wir müssen unsere Schulen dringend dahingehend reformieren, dass sie den Kindern und Jugendlichen das intellektuelle Rüstzeug mitgeben, um zwischen rationalen und irrationalen Argumenten unterscheiden zu können.

Wahrscheinlich könnten wir fundamentalistische Wahnideen schon allein dadurch bekämpfen, dass wir der Evolutionstheorie eine größere Bedeutung in den schulischen Lehrplänen einräumen. Es ist ja kein Zufall, dass gerade sie in so vielen rechtspopulistisch geführten Ländern (u. a. in der Türkei, in Russland und den USA) diskreditiert wird. Der Grund dafür liegt auf der Hand: Wer die Geschichte der Evolution verstanden hat, der begreift auch, dass »Religionen« und

»Nationen« bloß soziale Konstrukte sind, die eine wesentliche Tatsache des Lebens verdecken, nämlich dass uns untereinander sehr viel mehr verbindet als trennt, da wir allesamt einer einzigartigen, großen Familie angehören, deren Ahnenreihe sich bis zu den ersten Einzellern vor mehr als dreieinhalb Milliarden Jahren zurückverfolgen lässt.

Die Vermittlung der Evolutionstheorie ist zweifellos ein hervorragendes Instrument, um den »postfaktischen Erzählungen« religiös-nationalistischer Ideologien entgegenzuwirken. Mindestens ebenso bedeutsam ist es jedoch, dass wir das Profil des weltanschaulich neutralen Staates schärfen, der in sehr viel stärkerem Maße als bisher sicherstellen müsste, dass die Religionen nicht über dem Gesetz stehen, sondern sich dem für alle geltenden Recht unterordnen müssen. Gegen die mythische Überhöhung der »Nation« wiederum hilft bereits die Aufklärung darüber, wie viel ärmer wir heute allesamt wären, wenn uns nur die Produkte »unserer eigenen Nation« zur Verfügung stehen würden. Nicht ohne Grund heißt es: »Dummheit und Stolz wachsen auf demselben Holz« – und dies gilt insbesondere für den sogenannten Nationalstolz: Wer nicht völlig scheuklappenblind durch das Leben geht, der sollte wissen, dass nahezu alle großen Errungenschaften der Menschheit (ob nun in der Wissenschaft, der Technik, der Medizin, der Kunst, der Ethik oder Politik) auf interkulturelle Zusammenarbeit zurückzuführen sind.

Nicht voreilig resignieren!
Angesichts von Trump, Putin, Erdoğan & Co., des Syrienkrieges und der vielen ungelösten ökologischen, ökonomischen und sozialen Probleme der Welt ist es verständlich, dass viele Menschen pessimistisch in die Zukunft blicken. Allerdings sollte eine solche Stimmungslage den Blick auf die Realität nicht verzerren. Tatsächlich lässt sich nämlich anhand harter empirischer Daten zeigen, dass die Menschheit nicht nur in

den letzten Jahrhunderten, sondern auch in den letzten Jahrzehnten enorme Fortschritte erzielt hat. Trotz Syrienkrieg leben wir heute in friedlicheren Zeiten als je zuvor. Trotz Bevölkerungswachstums hat sich die Kindersterblichkeit weltweit in den letzten zwanzig Jahren ebenso halbiert wie die Zahl der Menschen, die in absoluter Armut leben.

Weil wir negativen Nachrichten im Allgemeinen sehr viel höhere Aufmerksamkeit schenken, sind die vielen positiven Entwicklungen, die in der jüngeren Vergangenheit stattgefunden haben, den allermeisten Menschen nicht bewusst. Dies ändert jedoch nichts daran, dass eine faktenbasierte Sicht der Welt uns zu einer vorsichtig optimistischen Einschätzung der globalen Lage führen sollte. Es gibt also keinen vernünftigen Grund, voreilig zu resignieren.

Letztlich ist sogar der Aufstieg der Rechtspopulisten ein untrügliches Zeichen dafür, wie groß der Fortschritt der letzten Jahrzehnte war. Denn der religiöse Fundamentalismus ist nicht zuletzt eine Reaktion auf das zunehmende Schwinden unhinterfragbarer religiöser Fundamente – wie auch der Nationalismus eine Reaktion darauf ist, dass nationale Identitäten in einem »globalen Dorf«, in dem die Menschen frei miteinander kommunizieren, an Bedeutung verlieren. Um es auf die deutschen Verhältnisse herunterzubrechen: Die AfD, die man als deutsches Pendent zur Tea Party begreifen kann, existiert nur deshalb, weil die Prinzipien der Weltoffenheit mittlerweile selbst bei der CDU angekommen sind und einige ihrer führenden Vertreter heute Positionen vertreten, die vor zwanzig Jahren selbst die progressivsten Sozialdemokraten kaum öffentlich geäußert hätten.

Es liegt an uns, welche Entwicklungen wir stärker gewichten: Das Jahr 2015, in dem Donald Trump seine Kandidatur für das Präsidentenamt bekannt gab, war zugleich das Jahr, in dem die Vereinten Nationen ihre »Global Goals« (»globalen Ziele« wie die Beseitigung der weltweiten Armut, Bildung für alle, Gleichberechtigung der Geschlechter etc.) in Anwesenheit von über 150 Staats- und Regierungschefs verabschiedeten. Dies war das erste Mal in der gesamten Geschichte unserer Spezies, dass sich die Menschheit auf allgemeingültige Ziele einigte und zu ihrer Erreichung eine planetare Zusammenarbeit vereinbarte! (Wer hier einwendet, diese noblen Ziele stünden doch bloß auf dem Papier, der sollte Ludwig Marcuses kluge Einsicht beachten: »Tatsächlich ist es sehr viel besser, das Gute steht nur auf dem Papier – als nicht einmal dort!«)

Viele mutige, kluge Menschen quer durch alle Nationen und Kulturen setzen sich heute dafür ein, dass aus der Utopie einer freieren, gerechteren Welt Wirklichkeit wird. Menschen wie der saudische Blogger Raif Badawi, der für die Achtung der Menschenrechte kämpfte und dafür zu zehn Jahren Haft und 1000 Peitschenhieben verurteilt wurde. Sie bilden ein starkes Gegengewicht zu den reaktionären Kräften, die das Rad der Geschichte zurückdrehen wollen. Wer sich am Ende durchsetzen wird? Das weiß niemand, aber es hängt nicht unwesentlich davon ab, wie wir uns selbst entscheiden: Lässt es uns kalt, dass die offene Gesellschaft auf dem Spiel steht, oder begehren wir dagegen auf? Wünschen wir uns zurück in die vermeintlich »gute alte Zeit«, oder engagieren wir uns für eine bessere Zukunft? Stärken wir die Idee der *einen* Menschheit, oder verlieren wir uns in nationalen und religiösen Egoismen? Das nächste Kapitel in der Geschichte der Menschheit ist noch nicht geschrieben – wir haben die Wahl.

Jörg Steinleitner
Schickst du mir Foto von sie

Es ist Sommer, täglich ertrinken Flüchtlinge im Mittelmeer, und ich sitze hier mit Kindern und male. Eigentlich habe ich für so was keine Zeit, weil mich mein Job als Medienberaterin beim *Anzeigenblatt* komplett fertigmacht. Und »malen« stimmt eigentlich auch nicht. Diese Kinder hier können gar nicht malen, weil sie in der Zeit, in der man solche Dinge eigentlich lernt, auf der Flucht waren. Vielleicht auch, weil man zum Malen eine gewisse innere Ruhe braucht.

Sebastian hat mich hierher mitgenommen. Erst wollte ich nicht, denn meine Arbeit erschöpft mich schon genug. Ich bin manchmal traurig. Einfach so. Und das mit den Flüchtlingskindern ist auch traurig: Wenn einem von ihnen ein Strichmännchen gelingt, dann ist das schon mal gut. Ich weiß nicht, ob sie mein Lob verstehen. Ein bisschen habe ich Angst um die guten Stifte, die ich mitgebracht habe. Die Kinder drücken so fest auf. Auf jeden Fall sind sie begeistert.

»Darf ich?« Ich hebe den Blick. Er zeigt auf die Stifte. Ich zucke mit den Schultern. Eigentlich ist das hier für Kinder bis zehn, hat Sebastian gesagt. Der da ist mindestens achtzehn oder zwanzig.

»Ja.« Verunsichert lächle ich ihn an. Er setzt sich neben die fünfjährige Saba und zeichnet ein Boot. Dann schiebt er mir das Papier hin und wartet auf meine Reaktion.

Vorgestern stand ich mit einer Nachbarin an der Straße, die durch unser Dorf führt. Ein schwarzer Radfahrer fuhr vorbei. Das kommt bei uns nie vor, wir haben keine Farbigen im Dorf. Als meine Nachbarin ihn sah, sagte sie: »Ja, Wahnsinn, jetzt radeln schon die Asylanten durch unser Dorf.«
»Du, Gerda«, sagte ich, »das ist der neue Kaplan. Der kommt aus Nigeria.«
»Ach so, ja dann...«, sagte Gerda, und wir lachten. Wobei sich das Lachen für mich komisch anfühlte.

Nein, ich hatte keine Angst gehabt, mit Sebastian zu dem Flüchtlingsheim zu kommen. Bis wir auf den Parkplatz fuhren und ich sie alle sah. Lauter ein bisschen merkwürdig gekleidete Menschen, die mich mit Neugier musterten. Mit einer Neugier, die mich verunsicherte. Das mulmige Gefühl verflog nicht gleich. Ich dachte eigentlich, dass ich souveräner mit dieser Situation umgehen würde, ich reise doch viel. Auch in Afrika und in den Balkanländern bin ich schon gewesen. Aber hier – diese Blicke: Ich weiß nicht, ob ich es mir nur einbildete; ich glaubte zu fühlen, dass diese Menschen sich etwas von mir erhofften, und ich war mir nicht sicher, ob ich diese Hoffnung erfüllen kann. Mein Leben ist nicht rundum glücklich. Die Arbeit überfordert mich, ich bin Single. Seit Max mich verlassen hat, fehlt mir die Richtung im Leben. Und da, in diesem Moment, schauten mich alle an. Als hätte ich eine Lösung für sie, für ihre Zukunft, für unser Land.

Die Zeichnung von dem Boot liegt vor mir. Aber Saba, das süße schwarze Mädchen, drängt mich, sie will, dass ich sie male. Ich kann nicht besonders gut malen. Saba hat schwarze Löckchen, die zu vielen kleinen Zöpfen geflochten sind. Während ich zeichne, fragt sie: »Weißt du, wo mein Papa ist?« Ich schüttele den Kopf. »Im Gefängnis. Von der Regierung. Ich bin mit meiner Mama hier.«

Der Junge schräg links von mir drückt den Stift so fest aufs Papier, dass die Filzmine zurück ins Gehäuse rutscht. Stift kaputt. Der Junge versucht es noch eine Weile, dann legt er ihn beiseite, schnappt sich einen neuen und drückt auch bei diesem die Mine rein. Die Kinder sind laut und zappelig. Ich versuche, mit Sebastian Blickkontakt aufzunehmen, aber der ist mit anderen Kindern beschäftigt. Mir wird bewusst, dass ich schwitze. Der junge Mann vor mir schreibt noch etwas auf den Zettel mit dem Boot: »JoSePH«. Er tippt auf den Namen und zeigt dann auf sich.

»Du heißt Joseph?«, frage ich, wobei ich den Namen englisch ausspreche. Er nickt. Ich nicke. Ich sage: »Ich heiße Karen.« Während ich ihm über die Bierbank hinweg die Hand hinstrecke, spüre ich, dass sich das dämlich anfühlt. Zu spät, um diese zu förmliche Geste zurückzunehmen. Seine Hand ist weich und dunkelbraun. Die Fingernägel sind abgekaut. Das tut mir weh.

»Boat«, sagt er. »Wasser schwimmen, Europe.«

»Du bist mit einem Boot nach Europa gekommen?«

Er nickt. »Vierhundred people auf boat.« Er hebt die rechte Hand, spreizt die Finger. »Funf tot. Ich, Eritrea.«

»Ich bin auch aus Eritrea«, plärrt Saba dazwischen.

»Ich Turkei«, ruft ein Junge.

»Ich komme Kosovo«, sagt viel leiser der mit den kurz rasierten Haaren neben ihm.

»Ich bin aus Rumänien«, ruft ein anderes Mädchen. »Aber wir müssen bald wieder zurück.« Sie ruft dies mit einer Fröhlichkeit, die sich mir nicht erschließt.

»Du Kaffee«, sagt ein Mann mit dunklem Teint und Dreitagebart und stellt mir eine Tasse hin. Ich trinke zwar keinen Kaffee, aber ich bin beeindruckt. Diese Menschen haben nichts und laden mich zum Kaffee ein. »Danke«, sage ich.

»Zucker? Milch?« Der Mann lächelt. Es scheint ihm Freude zu bereiten, den Kellner zu spielen.

»Nein, danke. So ist es gut.«
Saba hängt sich an meinen Unterarm, sie will, dass ich sie anschaue. Kurz sehe ich sie an, ihr Blick dringt – ich weiß nicht, warum – tief in mich ein, dann wende ich mich Joseph zu: »Wie lange bist du schon hier?«

»Dreizehn Monnatt.« Er lächelt vorsichtig und sieht dabei doch traurig aus. Er ist zierlich gebaut, hat ein hübsches Gesicht. Die Narbe über seiner Lippe unterstreicht seine feinen Züge.

»Look.« Schnell zieht er sein Smartphone aus der Tasche, wischt darauf herum und hält es mir hin. »My Vater.« Ich sehe einen kleinen, weißbärtigen Mann neben einer hageren Kuh stehen, vielleicht ist es auch ein Ochse, auf einem Stück Land, das sehr trocken aussieht.

»Ist dein Vater Bauer?« Verständnisloser Blick. »Dein Vater arbeitet mit diesem ... Ochsen?« Ich zeige auf das Tier.

Joseph nickt, hebt die Hand, zeigt Zeigefinger und Mittelfinger: »Vater, zwei Kuh. Und Acker.« Er nimmt das Handy wieder an sich, wischt darauf herum, hält es mir erneut hin. Mir lachen sechs dunkelhäutige Männer zwischen zwanzig und vielleicht vierzig Jahren entgegen. »Meine Bruder.« Joseph lächelt und zeigt auf einen nach dem anderen: »London, London, Stockholm, Amerika, Eritrea, Eritrea.«

»Und du bist hier in Deutschland.«

Er lacht. »Deutschland gut.«

Ich nicke nachdenklich.

Als Sebastian und ich ins Auto steigen, um nach Hause zu fahren, fühle ich mich erschöpft. Und erleichtert. Aber diese Erleichterung bereitet mir ein schlechtes Gewissen. Sebastian dagegen ist aufgedreht: »Das war gut, das machen wir bald wieder. Die freuen sich ja total, wenn man was mit ihnen macht.«

»Fandest du es nicht auch anstrengend?«

»Klar, aber es bringt was. Denen ist doch total langweilig. Kommst du morgen mit auf den Informationsabend? Da wird erklärt, wie Leute wie wir, die auf dem Land leben, konkret helfen können.« Ich sage zu, obwohl ich jetzt schon ahne, dass das nichts für mich ist.

Sebastian und ich betreten die Halle, es dürften 150 Leute da sein, die Luft ist schlecht. Einige, die bereits Erfahrungen als Helfer haben, halten kurze Vorträge. Sie weisen darauf hin, dass es anstrengend und zeitaufreibend sei, Flüchtlingen zu helfen. Es ist viel zu eng hier. Ich möchte gerne helfen, aber anders, nicht so ... nun ja: professionell. Mehr so als Freundin möchte ich helfen. Geht das?

Nach den Vorträgen betritt ein Mann die Bühne, er trägt Lederhose und Akkordeon, wir sind in Bayern, und ein Dunkelhäutiger, ohne Lederhose, aber mit Trommel, gesellt sich zu ihm. Die beiden erklären, dass sie der Sepp und der Mohammed und im Übrigen Freunde seien und dass sie gemeinsam Musik machten, seit Mohammed aus Libyen zu uns gekommen sei. Dann spielen sie. Es hört sich lustig an. Aber ich will trotzdem raus. Die geballte Hilfsbereitschaft überfordert mich.

In den nächsten Wochen verschlingt mich die Arbeit – und auch ein bisschen meine Traurigkeit über die Trennung von Max und die fehlende Richtung in meinem Leben. Am Dienstag nach der Arbeit sitze ich auf der Couch und surfe ziellos im Internet herum, als plötzlich eine Facebook-Nachricht aufpoppt. Sie ist von Joseph:

> Hallo Karen, ich bin sehr traurig ich hab noch 10 Tage Zeit sonst die mich von Hause wegschmeisen.

Plopp, noch ein Post:

Ich meine rausschmeißen

Wir schreiben uns ein paar Nachrichten hin und her, wobei ich mich wundere, wie schlecht sein Deutsch ist, obwohl er nun doch schon über ein Jahr in unserem Land ist, und ich erfahre, dass Joseph als Asylbewerber anerkannt wurde. Deshalb muss er aus der Unterkunft raus, in der ich ihn kennengelernt habe. Vielleicht ist das der Anstoß, den ich gebraucht habe. Sofort suche ich im Internet nach Hotlinenummern und telefoniere Ämter ab. Aber die Informationen, die ich bekomme, sind sehr ernüchternd: Joseph braucht eine Wohnung vom freien Wohnungsmarkt. Das wird schwierig, obwohl Joseph mittlerweile zur Berufsschule geht und das Jobcenter ihm 400 Euro für eine Wohnung zur Verfügung stellen würde. Vielleicht finde ich ja wenigstens ein Zimmer für ihn, vielleicht auch nur vorübergehend.

Im Supermarkt begegne ich einem Bekannten und frage, ob er von einer Wohnung für einen Jungen aus Eritrea wisse. Er sieht mich entsetzt an und erzählt mir, dass in der Zeitung stehe, Flüchtlinge hätten eine 19-Jährige vergewaltigt. Ohne Grund! Ich überlege, ob es überhaupt einen Grund für eine Vergewaltigung geben kann. Dann sage ich: »Das würde Joseph nie machen.« Nach dem Gespräch denke ich darüber nach, ob ich überhaupt beurteilen kann, was Joseph machen würde und was nicht. Schließlich kenne ich ihn kaum. Ich versuche, meine Unsicherheit zu bändigen, indem ich mich auf meine eigene gefühlte Statistik berufe: Wie wahrscheinlich ist es denn, dass Joseph, einer von Abertausenden Geflüchteten, etwas Böses tut?
Total unwahrscheinlich.

Schickst du mir Foto von sie

Diese Nachricht von Joseph bringt mich dann doch etwas aus der Fassung: Ich schicke grundsätzlich niemandem Fotos von mir. Warum will er das? Ich atme tief durch. Ich will nicht Opfer meiner eigenen Unsicherheit werden. Joseph bekommt sein Foto.

Im Dorf frage ich alle, denen ich begegne, ob sie nicht ein Zimmer oder eine Wohnung für Joseph hätten. »Mein Mann mag das nicht« ist noch die angenehmste Ausrede. Tiefer gehende Diskussionen vermeide ich. Immerhin gibt es auch etliche unter meinen Mitbürgern, die diese Suche spannend finden und sie zu ihrer eigenen machen. Das ist tröstlich, aber hilft es? Reicht es aus?

Eines Tages ruft mich Korbinian an. Er ist Bauer, hat einen großen Hof und fünf Kinder. Korbinian strahlt vor Zuversicht, er sagt: »Das wäre doch gelacht, wenn wir für deinen Afrikaner keine Wohnung bei uns finden! Steht doch eh so viel leer.«

Gemeinsam ziehen Korbinian und ich los. Es tut gut, an der Seite eines so optimistischen Mitstreiters vorwärtszugehen. Wir leben in einem Urlaubsort, bei uns gibt es viele Ferienwohnungen. Jetzt im Winter sind fast alle unbewohnt. Bei solchen Vermietern wollen wir klingeln. Gleich bei einer unserer ersten Stationen haben wir Erfolg: Frau Zimmermann, eine feine ältere Dame mit eleganter goldener Halskette, steht der Idee aufgeschlossen gegenüber. »Kann der junge Mann mir dann auch ein bisschen im Garten helfen?«

»Klar kann der das«, behauptet Korbinian. »Dem sein Vater ist Bauer wie ich.«

»Wie gut spricht er denn Deutsch?«

»Nicht so gut«, gebe ich zu. »Da müssten Sie ihm vielleicht ein bisschen auf die Sprünge helfen.« Das scheint der patenten Frau Zimmermann zu gefallen. »Den nehme ich unter meine Fittiche. Wann will er einziehen?«

»Möglichst bald.«
Die Euphorie trägt Korbinian und mich nach Hause. So einfach und schön ist es zu helfen!

Lieber Joseph, ich habe eine Wohnung für dich gefunden. Bei einer alten Dame. Melde mich, sobald ich Genaueres weiß. Liebe Grüße, Karen

Josephs Antwort kommt prompt:

Danke für Hilf sie so lieb

Am nächsten Tag die Ernüchterung. Korbinian berichtet, dass Frau Zimmermann ihn angerufen habe: Ihre Tochter habe es ihr verboten. Ein Flüchtling, das sei zu viel Verantwortung für eine alte Dame. Korbinian ist verärgert. Er sagt: »Die Tochter lebt in einer Stadt, 400 Kilometer weit weg, und kommt zweimal im Jahr hierher!«

Aber wir geben nicht auf. Noch am selben Tag finden wir eine andere alte Dame, die sich freuen würde, einen jungen Mann im Haus zu haben. »Er kann in das ehemalige Kinderzimmer von meinem Sohn ziehen«, versichert Frau Köhnle. »Wissen Sie, ich bin oft so allein.« Kenne ich, das Gefühl, denke ich. Aber ich habe nur Schlafzimmer und Wohnküche.

Als wir von Frau Köhnle weggehen, spüre ich keine Euphorie, sondern nur vorsichtige Erleichterung. Wer weiß, ob ihr Sohn es nicht auch verbietet? Sicherheitshalber schreibe ich Joseph keine Nachricht.

In den Fernsehnachrichten höre ich, dass eine Politikerin gesagt haben soll, die Polizei dürfe zur Wiederherstellung von Recht und Ordnung an den Grenzen notfalls auch auf Flüchtlinge schießen.

Am Morgen darauf ruft mich Korbinian an und teilt mir mit, dass auch Frau Köhnle abgesagt hat. Ihr Sohn habe sie auf ihre labile Gesundheit hingewiesen und abgeraten. »Aber gerade wenn sie nicht so fit ist, wäre es doch gut, wenn sie jemanden bei sich im Haushalt hätte!« Korbinian ist außer sich. »Aber weißt du was, Karen«, schreit er ins Telefon, »das Beste ist, dass ich gerade eben auch noch beim Günter Herrlich war. Ich habe mir gedacht, der ist jeden Sonntag in der Kirche, an Heiligabend liest er seiner Familie wahrscheinlich unterm Christbaum die Geschichte vom Josef und von der Maria vor, die keine Bleibe finden. Der Günter hat auch eine Ferienwohnung, die leer steht. Da habe ich den gefragt, ob er *unseren* Joseph aufnehmen kann. Und weißt du, was der mir geantwortet hat? ›Das mag ich nicht!‹ – Das mag er nicht, sagt der!« Korbinian holt Luft. Ich höre ein hohles Geräusch, vermutlich hat er vor Wut auf die Telefonkommode gehauen. »Aber diesen Pharisäern werden wir es zeigen! – Karen, wann kann der Joseph einmal kommen, dass ich ihn kennenlerne? Ich habe da nämlich eine Idee.«

Am selben Abend sitzt mein Freund Joseph aus Eritrea bei mir am Küchentisch. Er kommt mir noch zierlicher vor als beim letzten Mal. Er trägt einen Arm im Gips. Er sei mit dem Fahrrad gestürzt, sagt er.

Mir fällt ein, dass ich bei meinem letzten Besuch in der Flüchtlingsunterkunft zwei andere junge Männer mit gebrochenen Armen gesehen habe. »Bei euch brechen sich ganz schön viele die Arme, was?«

»Haus weit von Supermarket und Fußballplatz. Geht nur Fahrrad. In Eritrea, ich kein Fahrrad.« Als Joseph dies so erklärt, geht mir plötzlich ein Licht auf. Ich dachte immer, die Flüchtlinge würden sich die Arme absichtlich brechen, um sich ihrer Abschiebung zu entziehen. Dabei werden sie oftmals so weit außerhalb jeglicher Zivilisation untergebracht, dass sie nur mit dem Fahrrad an belebtere Orte kommen können. Aber in ihren Heimatländern haben sie natürlich nicht Radfahren gelernt.

Wir schweigen einen Moment lang, dann frage ich Joseph, was ihm am meisten fehle in Deutschland. Er sagt: »Freundin«, und schaut mich kurz an, um dann den Blick zu senken. Ich nicke und überlege, ob ich aus seiner Sicht für ihn eine Option bin; ob ihm klar ist, dass ich mit meinen fünfunddreißig Jahren viel zu alt für ihn bin. Da kommt schon Korbinian durch die Tür. Im Vergleich zu Joseph wirkt er riesig.

»So, und du bist also der Josef?«, fragt Korbinian, er spricht den Namen deutsch aus. Als er sich setzt, knarzt mein alter Küchenstuhl besorgniserregend.

Joseph ist sichtlich eingeschüchtert von Korbinians direkter Art.

»Und du brauchst eine Wohnung?«

Joseph nickt.

»Ja, suchst du dann auch eine Arbeit?« Korbinian spricht das Bayerische überdeutlich aus. »Willst du etwas arbeiten, wenn du mit der Berufsschule fertig bist?«

Joseph lacht verlegen und zuckt mit den Schultern. Ich bin mir nicht sicher, was sein Problem ist. Entweder hat er vor Korbinian Angst, oder er versteht seinen Dialekt nicht. »Joseph möchte Automechaniker oder Schlosser werden«, helfe ich meinem Freund aus Afrika.

»Schlosser«, sagt Korbinian. Das scheint ihm zu gefallen. Nach einem kurzen nachdenklichen Blick durchs Fenster meint er: »Da hätte ich vielleicht eine Stelle für dich. Hast du denn in Eritrea schon was mit der Schlosserei zu tun gehabt?«

Erneut lächelt Joseph verlegen. »Ob du in Eritrea schon als Schlosser gearbeitet hast?«, stelle ich dieselbe Frage noch einmal auf Hochdeutsch.

155

»Wenig Auto geholfen, Onkel«, antwortet Joseph.

»Aha, Deutsch kann er also noch nicht so gut«, stellt Korbinian fest, er spricht das mehr in meine Richtung. Aber sofort wendet er sich wieder Joseph zu: »Also, pass auf, Folgendes: Willst du bei uns wohnen?« Korbinian wartet kurz. Als keine Reaktion kommt, redet er weiter: »Eines von meinen Kindern macht sein Zimmer frei, dann kannst du bei uns wohnen. Und sonntags muss er dann halt zu dir zum Essen«, der letzte Satz gilt mir.

Joseph zuckt mit den Schultern.

»Vielleicht schauen wir uns meinen Hof erst einmal an, oder?«, schlägt Korbinian vor.

Zu dritt gehen wir durchs Dorf. Die Menschen, die uns begegnen, bedenken uns mit staunenden Blicken. Vielleicht fragen sie sich, ob das der neue Kaplan ist. Während Korbinian uns durch seinen Schweinestall, den Hühner- und den Kuhstall führt, lässt sich Joseph ein wenig zurückfallen. Ich glaube zu spüren, dass sich in ihm Unsicherheit breitmacht.

»Und das ist die Bushaltestelle«, erklärt Korbinian an der Bushaltestelle. Der Fahrplan ist übersichtlich. Vier Busse fahren täglich in die nahe gelegene Stadt. Sonntags drei. Wir stehen da und schauen auf den Plan. Dann fragt Korbinian: »Und – gefällt's dir?«

Joseph sagt: »Ja.« Es klingt nicht so begeistert.

»Gut«, antwortet Korbinian. »Dann kannst du am Wochenende einziehen. Die drei Tage brauche ich noch, damit mein Sohn seine Sachen rausräumen kann. Du bekommst dann sein Zimmer.«

Zwei Tage später treffe ich Korbinian auf der Straße. »Stell dir das einmal vor«, bellt er mich an, »sagt mir doch der Hans-Peter – und du weißt, dass ich den wirklich schon mein ganzes Leben lang kenne und wirklich viel mit dem gemacht habe und den wirklich gerne mag. Also, da sagt der mir: Bevor bei ihm ein Flüchtling einquartiert wird, da reißt er alle Wände und Decken raus.«

Ich starre den wütenden Bauern ungläubig an. Mehr als ein fassungsloses »Nein« gelingt mir nicht.

»Und dann hat er noch gesagt, dass ich mir das gut überlegen soll, ob ich einen Flüchtling ins Dorf hole. Weil man kann ja nie wissen. Ja, sind wir denn hier bei der Mafia, oder was?«

In meinem Bauch breitet sich ein Gefühl der Beklemmung aus. Aber Korbinian redet weiter: »Aber weißt du, Karen, denen werden wir es zeigen, diesen Pharisäern, diesen verlogenen. Denen werden wir es zeigen! Der Josef kommt zu uns, und er bleibt bei uns, und ich nehm den überallhin mit, auch in die Kirche und zur Feuerwehr, und der lernt einen Beruf und wird ein nützliches Mitglied der Gesellschaft. Das ist ein junger Mann, der könnte mein Sohn sein.«

Einen Tag bevor Joseph in das Zimmer von Korbinians Sohn einziehen soll, klingelt mein Telefon. Es ist Joseph. »Hallo, Karen, habe anderes Wohnung. Eigenes Wohnung. Allein Wohnung.«

»Wie meinst du das?«

»Frau Agnes hat mir Hilfe. Hat finden eigenes Wohnung, für Joseph allein wohnen.«

»Ja, dann freust du dich jetzt, Joseph?« Ich glaube, ich höre mich hilflos an. Das überfordert mich aber auch alles: Wer ist Frau Agnes? Ist es gut für Joseph, allein zu wohnen? Wäre es nicht besser, er wäre in eine Familie integriert? Wird er so überhaupt Deutsch lernen? Verdammt, warum habe ich immer so viele Bedenken!

Ganz anders Joseph, der gluckst vor Glück: »Ja, eigenes Wohnung, allein wohnt; gut, gut, besser! Und du, Karen, kommen Besuch, dann ich koche Eritrea Essen und spielen Sitar for you, mein friend.«

Kai Strittmatter
Schwarzsehen

Man ist gerne fassungslos dieser Tage, hätte ich beinahe geschrieben. Aber das stimmt ja nicht. Man ist es ja immer weniger gern. Weil man ihrer müde wird, der Fassungslosigkeit, wenn sie einen beim Aufstehen packt und beim Einschlafen noch lange nicht wieder loslässt. Dabei geht es auch darum: dass man sich das bewahrt. Das Fassungslossein. Dass man nicht ermattet in seinem Entsetzen. Dass man ihr nicht ausweicht, der Faust, die einen in den Magen trifft, morgens schon, bei der Lektüre der ersten Nachrichten. Dass man seinen Zorn und seinen Unglauben weiter in die Welt ruft. Den Nachbarn weiter wachrüttelt. Und sich dann nüchtern und konzentriert an die Arbeit macht. Nicht in Witze flüchtet. Einander nicht versichert, so schlimm werde es schon nicht werden.

Denn es wird erst einmal noch schlimmer werden. Darauf darf man sich einstellen. Vier Jahre Donald Trump. Mindestens. Einer, der seinen Hass und seine Ignoranz ernst meint, einer, der darangeht, die Grundlagen dessen zu zerstören, was unser privilegiertes Leben die letzten Jahrzehnte möglich gemacht hat. Einer, der Europa in die Zange nehmen will. Noch einer. Autokraten allerorten wittern Morgenluft, reichen sich die Hand mit den Krawallpopulisten in unseren Ländern. Einstellen kann man sich aber auch darauf: Noch haben wir es in der Hand, das Schlimmste zu verhindern.

Wenn wir ihn nur zusammenkneifen, unseren verzagten Arsch, und aus dem Kissen lupfen, in dem wir es uns so lange bequem gemacht haben.

So sieht's von China aus aus: Die Welt wird nun regiert von Trump, Putin und Xi Jinping. Ansonsten: Amerika am Arsch, Europa am Kippen. Der liberale Westen Vergangenheit. Die Demokratie schwer verwundet. Das Klima am Glühen. Und jetzt? Meine Kinder?

Diese Zeilen hatte ich unmittelbar nach Donald Trumps Wahl auf Facebook gepostet. Ein Bekannter schrieb darunter: »Relax!« Entspann dich.
Das habe ich einmal getan, mich entspannt. In der Türkei. Vor einem Jahrzehnt. Nach den rauschenden Wahlsiegen Tayyip Erdoğans. Als er vors Volk trat und Kreide gefressen hatte. Ich war damals Korrespondent in Istanbul, habe mich entspannt, habe allen verkündet: Gebt dem Mann eine Chance. Das tue ich nicht noch einmal. Ich habe gelernt: Nehmt sie beim Wort, die größenwahnsinnigen Egomanen, die von Machtgier und Rachedurst zerfressenen Narzissten. Glaubt ihnen dann, wenn sie versprechen, Hass und Vergeltung zu säen. Schaut auf die Türkei, wo sich eine Demokratie selbst dem Demagogen zum Fraß vorgeworfen hat. Und seht, wie rasend schnell das geschehen ist. Ich weiß nicht, wie man heute so tun kann, als drehe sich die Welt so wie immer. Sie ist aus den Angeln. Es geschieht jetzt, in dieser Sekunde, es geschieht heute Nacht, während du schläfst, und es geschieht morgen, wenn du aufwachst. Da sägen welche an den Fundamenten unserer Welt, andere stehen daneben und applaudieren wohlig erregt, wieder andere nicken stumm und mit grimmigem Hass, und noch verdammt viele mehr kratzen sich nach dem ersten Erschrecken versöhnlich am Kopf und sagen: Wird schon.

Kann man schon machen, sich die Zukunft schöndämmern. Die Monster, die an die Tür klopfen. Weil der Trump es in Wirklichkeit gar nicht so meint und die Börsen sogar beflügelt. Weil die Engländer in Europa eh bloß genervt haben. Weil man die Vögel von der AfD nicht ernst nehmen muss. Weil man sich in Zukunft das Schneeschaufeln sparen kann. Kann man schon machen. Dann muss man sich aber nicht beschweren, wenn man dereinst mit dem Kater des Jahrhunderts erwacht, mit einem bösen Biest, das einem den Schädel sprengt und das Zuhause dazu.

Wird schon. Ist doch noch immer geworden. Nein, ist es nicht. Ist schon verdammt oft schiefgelaufen. Läuft gerade an verdammt vielen Fronten schief. Ja, Geert Wilders hat diesmal Holland nicht erobert und Marine Le Pen nicht Frankreich. Man darf erleichtert sein, und man darf hoffen. Zurücklehnen darf man sich nicht. »Der Geist ist aus der Flasche«, sagte Geert Wilders am Tag der Hollandwahl: »Die patriotische Revolution wird kommen, egal, ob heute oder morgen.« Aus diesen Worten mag der Trotz des Verlierers klingen, aber es wäre falsch, das Selbstbewusstsein derer zu überhören, die in Ungarn, in Polen, in England und in den USA gesehen haben: Es geht. Wir können siegen. Sie lauern. Und sie sägen weiter. Wollen uns das Vertrauen nehmen. Den Bezug zur Realität kappen. Die Möglichkeit zum zivilisierten politischen Austausch. All das, was Demokratie überhaupt erst möglich macht. Und selbst wenn sie noch keine Mehrheiten erringen, dann verändern und vergiften sie schon das Klima. Die Lage ist prekär, Europa wird in der Krise bleiben, noch viele Jahre.

»Schwarzseher« hießen mich in den letzten Wochen und Monaten einige Freunde und Bekannte, vor allem solche aus dem gemütlichen München. Leicht befremdet. Dabei braucht es zum Schwarzsehen in diesen Tagen nicht viel. Augen aufreißen reicht. Und nein, dieses Schwarzsehen ist jetzt nicht Defätismus und Resignation, es ist im Gegenteil der Aufruf zum Engagement, für all das, was uns lieb ist. Darauf muss man sich jetzt einigen: Da wartet ein Kampf, der ausgefochten werden muss. Auch dem Schwarzseher ist die Hoffnung die lebensrettende Kraft. Die Hoffnung, die sich speist aus dem Wissen um die Stärke und die Leuchtkraft der eigenen Ideen, für die so viele Generationen gekämpft haben.

Viele scheinen das zu vergessen: dass wir Europäer wohl in der besten aller Zeiten und am besten aller Orte leben – dass ein solches Leben in Freiheit von Gewalt und Willkür und Furcht in der langen Geschichte der Menschheit aber keineswegs zwangsläufig, sondern die eher unwahrscheinliche Ausnahme war und ist. Dass die überwältigende Anzahl der Menschen zu allen Zeiten der Menschheitsgeschichte in Stämmen, Clans, Königreichen und Nationen gelebt hat, in denen Schikane und Tyrannei, Korruption und Armut, Verfolgung und Staatsterror, Mord und Totschlag zum Alltag gehörten und gehören. Man muss sich das mal vorstellen: das unwahrscheinliche Glück, dass ausgerechnet wir zu ausgerechnet dieser Zeit in ausgerechnet diesem Europa zur Welt kamen. Und wie irre sie ist, die Lemminghaftigkeit, mit der die Amerikaner in ihr Verderben rennen, die Briten sich in beide Knie schießen und in nicht wenigen anderen europäischen Staaten die Leute Feuer an ihr eigenes Bett legen.

Das »World Value Survey« erfasst seit Jahren, wie viele Bürger einzelner Staaten einen Führer gut finden, »der sich nicht mit einem Parlament oder mit Wahlen abgeben« muss. Von 1990 bis 2014 haben sich die Zahlen in manchen Ländern fast verdoppelt, in Deutschland waren es 2014 knapp über zwanzig, in Spanien schon 40 Prozent. Der Vormarsch der autoritären Führer, die Unterwanderung der Demokratie, oft konnte man in letzter Zeit über die Parallelen zum Aufstieg des Faschismus in den 1920er- und 1930er-Jahren lesen, zur Weimarer Republik. Aber bei aller berechtigten Kritik an dem, was schiefgelaufen ist in den letzten Jahrzehnten, bei all dem Versagen unserer Eliten den Raubzügen des globalen Kapitalismus gegenüber – wir leben doch um Himmels willen nicht in Weimarer Verhältnissen. Ja, dass sie sich der wachsenden sozialen Ungerechtigkeit nicht entgegengestellt haben, ist das eklatanteste Versäumnis der westlichen Demokratien und birgt vielleicht die größte Gefahr für unsere Zukunft. Tatsache aber bleibt: Den allermeisten Deutschen, Österreichern, Holländern, Engländern und Franzosen geht es im Moment noch immer so gut, wie es ihnen noch nie gegangen ist. Und doch macht sich bei verblüffend vielen Leuten eine gefährliche Lust am Zertrümmern breit. Der Satz des Jahres stammt von Josef Hader: »Man möchte gern irgendwas zusammenbrechen sehen, weil einem fad im Schädel ist.« Derweil begnügen sich viel zu viele mit der Hoffnung der Braven und Bequemen, die darauf vertrauen, der Weltenlauf werde sie schon nicht streifen, weil sie ihn doch ihrerseits auch stets brav in Ruhe ließen. Es ist die Hoffnung des Biedermanns, der bei Max Frisch darauf setzt, dass die Brandstifter doch ganz umgängliche Kerle seien, die es sicher nicht so meinten. Doch, sie meinen es so. »Die beste und sicherste Tarnung ist immer noch die blanke und nackte Wahrheit«, sagt einer von ihnen.

Alles vergessen? Fehlt das Gespür dafür, wie dünn der Boden ist, auf dem wir schlafwandeln? Der Kampf, den es zu führen gilt, ist vor allem der gegen unsere eigene Trägheit und Vergesslichkeit. Es ist ein Kampf gegen fehlende Vorstellungskraft. Wir sind Lichtjahre entfernt von der Welt unserer Großeltern und Eltern aufgewachsen. Von Generationen, die selbst noch Diktatur und Krieg und Zerstörung erlebt haben. Uns Friedens- und Wohlstandsverwöhnten scheint das Bewusstsein für eine simple Wahrheit mittlerweile völlig abzugehen: Es war nicht immer so, und es ist nicht überall so. Es muss also auch bei uns nicht so sein.

Zeitmaschinen gibt es nicht. Das heißt: Wo es sie gibt (wir nennen sie Bücher), sind sie gerade bei den Leuten außer Mode gekommen, die sie für eine erneute Erdung an die historischen Realitäten nötig hätten. Die große und ungemütliche Welt da draußen aber, die existiert. Vielleicht wäre das eine Idee: Man sollte die Leute zwangsverpflichten, jeder müsste einmal ein Jahr außerhalb seiner Zone der Gemütlichkeit leben. Der eine in der Türkei, wo sie gerade in rasender Geschwindigkeit die Demokratie zerlegen. Der andere in Russland oder in China, wo der Zynismus und die Lüge längst zur Staats- und Lebensräson geworden sind. Die Verbannten würden auf einmal einiges wiedererkennen, was zu Hause um sie herum passiert. Und sie würden am Ende brutalstmöglich damit konfrontiert, wohin solches Treiben in letzter Konsequenz führt: in die Tyrannei.

»Oben ist unten, und unten ist oben, alles steht infrage, und nichts ist real«, so beschrieb in der *New York Times* der Autor Charles Lewis Donald Trumps notorische Lügerei. Lewis hat ein Buch geschrieben über Lug und Trug im Präsidentenamt (»935 Lügen«), er ist also Experte, und trotzdem sagt er: »So etwas Bizarres haben wir unseren Lebtag noch nicht gesehen.« Nun, wir hier schon. Wer je unter werdenden Autokraten oder in Diktaturen gelebt hat, also eben in Staaten wie der Türkei, Russland oder China, dem ist die bewusste, systematische und schamlose Verkehrung von Fakten à la Trump vertraut. Sie stammt direkt aus dem Handbuch des Autokraten, dem die Lüge vor allem anderen ein Machtinstrument ist. Und wenn man einmal eine Weile da gelebt hat, dann merkt man bald: Wenn der Autokrat lügt, dann ist die erste Absicht nicht Täuschung, sondern Einschüchterung. Er will gar nicht überzeugen – er will unterwerfen.

China ist heute das Land mit den meisten Milliardären und einer der ungleichsten Gesellschaften der Welt. Wenn Chinas herrschende Partei bis heute darauf besteht, ihr Land sei kommunistisch, und wenn sie heute Lehrer, Professoren, Beamte und Unternehmer wieder verstärkt zum öffentlichen Bekenntnis zum Marxismus verdonnert, dann tut sie das nicht, weil sie im Ernst davon ausgeht, ihr Volk glaube noch an Marx. Der Marxismus ist ihr Gesslerhut: Ein jeder Untertan muss ihm den Gruß entbieten, es ist die Geste der Unterwerfung, die zählt. So hält es auch Trump mit seinen Lügen: Wer sie nicht schluckt, der ist als Feind und Zielscheibe ausgemacht.

Aber die Einschüchterung ist nur das eine. Ebenso wichtig ist es, Verwirrung zu säen, die Bezugsrahmen von Rationalität und Realität zu zerstören, dem Volk den Kompass zu nehmen. Hannah Arendt, Erforscherin des real existierenden Totalitarismus, beschrieb das in einem Interview 1974 so: »Wenn jeder dich immerzu anlügt, dann ist die Folge nicht, dass du die Lügen glaubst, sondern vielmehr, dass keiner mehr irgendetwas glaubt.« Ein Volk aber, das an nichts mehr glaubt, das sei seiner Kapazität zu handeln beraubt und darüber hinaus seiner Fähigkeiten, zu denken und zu urteilen. »Mit einem solchen Volk kannst du dann tun, was dir gefällt.« Das Pendant zu den Lügen des Autokraten ist der Zynismus der Belogenen, die sich am Ende nur noch an eines halten: an die Macht des Führers. Der muss dann für nichts mehr Rechenschaft ablegen, da es außerhalb seines Fabulierens keine Wahrheit mehr gibt.

Deshalb ist die freie Presse der natürliche Feind des Autokraten. Wo alternative Fakten der Ausweis der Herrschaft sind, sind Recherche und das Überprüfen von Fakten durch die freie Presse ein Akt der »Subversion unserer Ideologie« (Dokument Nummer neun der KP Chinas aus dem Jahr 2013) oder eine Kriegserklärung: Er führe einen »ständigen Krieg gegen die Medien«, erklärte Trump bei seinem Besuch im CIA-Hauptquartier. Wenig später erklärte er sie zum »Volksfeind«. Das ist die Sprache Josef Stalins, die Sprache Mao Zedongs.

Das, was sie jetzt in den USA und in Europa »postfaktisches Zeitalter« nennen, ich lebe das seit bald zwanzig Jahren. Das Leben in Lüge, Propaganda und Ressentiment, ich habe es in China und der Türkei erfahren. Gezielt gestreute Fake News und alternative Fakten – eigentlich komplette, von den Herrschern austapezierte Paralleluniversen jenseits der objektiv erfahrbaren Welt – sind ein alter Hut in solchen Ländern, für Autokraten sind sie ein zentrales Mittel der Machtsicherung. Ein Führer aber, der seine eigene Wahrheit schaffen möchte, muss die Sprache erobern. Für die Bürger demokratischer Gesellschaften, die sich der Unterwanderung entgegenstellen wollen, ist deshalb das erste Gebot: Nehmt die Macht der Sprache ernst. Verteidigt sie. Das ist noch einfach, wenn Rechtspopulisten in Deutschland etwas grobschlächtig das »Völkische« wiederbeleben wollen oder wenn sie Angela Merkel als »Kanzlerdiktatorin« denunzieren. Es erfordert dann schon mehr Aufmerksamkeit, wenn die Begriffe nicht ganz so plump daherkommen. Wer ist denn »das Volk«, wer der »besorgte Bürger«, wer ist »politisch korrekt« und wieso eigentlich? Wieso heißt die Bewegung der rechtsextremen Trump-Jünger in den USA »Alt-Right«, wieso nennt man sie nicht »Neonazis«? Wieso steht da abschätzig »Identitätspolitik«, wo eigentlich »Bürgerrechte« stehen müsste? Und aufgepasst vor der Umwertung der Worte. In China zum Beispiel gibt es erst seit 2013 wirklich »Smog«, davor gab es jahrzehntelang nur »Nebel«. Es gibt hier auch keine »Repression«, die Regierung betreibt vielmehr die »Sicherung der Stabilität« und der »harmonischen Gesellschaft«. Ich lebe in Peking zudem in einem »demokratischen« und »freien« Rechtsstaat. Behauptet die Propaganda der Partei. Sie hat nämlich »Freiheit«, »Demokratie« und »Rechtsstaatlichkeit« zu »sozialistischen Kernwerten« ernannt, die sie seit ein paar Jahren an jeder Straßenecke in Peking auf Bannern anpreist. Natürlich genießen die Bürger der Volksrepublik auch »die Freiheit der Rede, der Presse und der Demonstration«, so steht das in Artikel 35 der chinesischen Verfassung. Das Prinzip ist klar: Besetze die Begriffe deines Feindes, und wende sie gegen ihn. »Fake News« sind dann eben nicht mehr die Lügengeschichten aus dem Morast des Internets – im Munde Trumps und der geistesverwandten Rechtspopulisten bezeichnet der Begriff mit einem Mal all jene traditionellen Presseorgane, die es noch wagen, nach der Wahrheit zu graben. Die »Lügenpresse«. Wie gesagt: Es ist dem Autokraten ziemlich egal, ob wir ihm seine alternativen Fakten oder seine »Demokratie« glauben. Es reicht ihm, wenn er unser Vertrauen in alles andere untergräbt. Wenn mit einem Mal alles mit Skepsis angeschaut wird: das Absurde wie das Rationale, die Lüge wie die Wahrheit. Er will uns zum Zynismus verführen und damit zum Relativieren der ganzen Welt. Das heißt aber auch, dass die Demokratien selbst höllisch aufpassen müssen, dass sie mit ihrem eigenen Tun nicht solchem Zynismus Vorschub leisten. Dass sie sich nicht selbst unmerklich Stück für Stück in ihren Feind verwandeln. Wenn das Charisma der Demokratie seit Jahren verkümmert, dann hat das auch damit zu tun: mit den Kriegen Amerikas im Mittleren Osten, mit der Folter in Abu Ghraib, mit den Missständen in Guantánamo. Es kamen die Enthüllungen des Edward Snowden, es kamen Schnüffelgesetze in vielen Ländern Europas. Was wollt ihr denn, ihr Heuchler?, hieß es mit einem Mal in Kairo, Moskau und Peking. Die Welt wurde auch durch Zutun des Westens ein Fest für Zyniker. Korruption, Folter, Propaganda, Abhörskandale? »Ist doch eh überall das Gleiche.« Nein, ist es nicht. Ist es natürlich nicht. Da liegt noch immer eine ganze Welt dazwischen. Die Welt, die den Unterschied macht zwischen einem Leben in Würde und Freiheit und einem in Abgestumpftheit und Willkür. Aber je mehr die Menschen auf das »Macht ihr doch genauso!« hereinfallen, desto mehr ist ihnen das Ende der einen, alten Welt egal.

Deswegen auch wäre es nicht das Schlechteste, wenn ein jeder einmal die Praxis der autoritären Systeme am eigenen Leibe erführe. Wenn er merkte, wie das ist, wenn die Institutionen nur mehr leere Hüllen sind, wenn die Justiz erobert, das Parlament willfährig und die Presse nur mehr Sprachrohr der Macht ist. Wenn er sähe, dass auf den, der sich aus der komplizierten Welt die Flucht in einen simplen Rahmen aus Befehl und Gehorsam ersehnt, hinein in eine erträumte Sicherheit, in Wirklichkeit ein Leben in maximaler Unsicherheit wartet. Gesellschaften sind das, in denen der Untertan sich Tag für Tag bewegt in einem Minenfeld voller Ungewissheit und Willkür. In denen die einfachste Existenz der taubstumme Blinde und der gefühllose, unterwürfige Bürger haben. Ein jeder aber, der sich einen Rest an Seele bewahrt, führt hier ein Leben in stetem Bangen und nervöser Unruhe. Ich kehrte 2012 nach China zurück. Das hier sind die drei Sätze, die mir in Gesprächen und Interviews am häufigsten begegneten: »Es gibt hier keine Sicherheit.« »Es gibt hier kein Vertrauen.« »Es gibt hier keine Moral.« Das ist nicht so, weil die Chinesen Chinesen sind, sondern weil das System, in dem sie leben, ein autoritäres ist. Eines, in dem es keine unabhängige Justiz und keine unabhängige Presse gibt, eines, in dem die Macht keine Grenzen hat und keine Überwachung kennt. Eines, das die Furcht – vor den »dunklen ausländischen Kräften«, vor »Terroristen« – bewusst und unablässig schürt.

»Es ist, als tänzelten wir ständig am Rand des Abgrunds«, sagte mir eine Pekinger Freundin einmal. Eine, die als Bankerin arbeitet und regelmäßig zum Skifahren nach Europa fährt. Sie und ihre Familie gehören zu den Profiteuren von Chinas Boomjahren. Und sie wollen weg. Auswandern. Wie unzählige andere. Wegen des vergifteten Essens. Wegen der vergifteten Luft. Weil ihre Kinder ein besseres Leben haben sollen. Als die britische HSBC-Bank vor ein paar Jahren chinesische Städter mit einem Monatseinkommen von mehr als 12000 Yuan – damals knapp 1400 Euro – fragte, ob sie Pläne hätten, China zu verlassen, da antworteten 60 Prozent mit Ja. Die oben genannte Freundin versucht seit zwei Jahren, nach Europa auszuwandern. Am liebsten nach Deutschland. Da war sie schon mehrfach im Urlaub. »Wegen der Schulen«, sagte sie. »Weil man nicht weiß, wann hier die nächste Bombe hochgeht. Oder ob sie schon längst hochgegangen ist und vertuscht wird«, sagte ihr Mann, ein Werber mit eigenem Unternehmen, in Anspielung auf die Explosion eines hochtoxischen Gefahrengutlagers in der Stadt Tianjin, die ein ganzes Viertel unbewohnbar gemacht und mal wieder ein Schlaglicht geworfen hatte auf das in China häufig anzutreffende Geflecht von Korruption, Vetternwirtschaft, Verantwortungslosigkeit und Intransparenz.

Rechtsstaatlichkeit. Ein soziales Netz. Erschwingliche medizinische Versorgung. Weltklassebildung zum Nulltarif. Eine verantwortlich handelnde Regierung. Politiker und Unternehmer, die man für ihr Tun zur Rechenschaft ziehen kann. Manchmal hat man das Gefühl, all die Errungenschaften Europas würden von den Leuten außerhalb des Kontinents mittlerweile mehr geschätzt als von den Europäern selbst. Im Herzen Europas herrscht, selbst bei überzeugten Demokraten, eine verblüffende Verzagtheit. Was verrückt ist angesichts des sagenhaften Erfolges, der Europa war und ist. Klar knirscht und knarzt es beim Projekt überall, läuft es in manchen Ecken sagenhaft schief und wäre überhaupt dringend eine Runderneuerung fällig. Aber sieben Jahrzehnte Frieden, beispielloser Wohlstand – eigentlich müssten wir Europa jeden Tag auf den Knien danken. Den Ersten dämmert das schon, Trump hat doch einige aufgeweckt. Sie gehen auf die Straße, legen Zeugnis ab für dieses Europa. Aber es müssen viel mehr werden. Die dann wie der Schauspieler Klaus Maria Brandauer am liebsten »losstürmen und für Europa kämpfen« wollen. »Meine Heldin«, nennt Brandauer dieses Europa und fasst sich an den Kopf, wie man das aufs Spiel setzen kann, »diese fantastische Geschichte, fast eine biblische Geschichte«.

Zu viel Pathos? Mir nicht. Von China aus das Phlegma vieler Deutscher und manch anderer Europäer beobachten zu müssen ist schon fast schmerzhaft. »Sieg der Vernunft«, titelten viele Zeitungen nach der Hollandwahl. Stimmt schon. Aber wenn der Kampf um unsere Welt nun zur Vernunft hinzu eines dringend nötig hat, dann eine Injektion Leidenschaft. (*Pulp Fiction.* John Travolta, der der ohnmächtigen Uma Thurman die Spritze voller Adrenalin in die Brust rammt, woraufhin diese wieder die Augen aufschlägt. So etwas.) Wir müssen unser Herz wiederentdecken. Eines ist klar: So gemütlich, wie wir es lange Jahre hatten, kriegen wir es wahrscheinlich nie wieder. Der Kampf wird uns unser Leben lang begleiten. Und noch einmal: Das Entsetzen darf kein Ende haben. Der Bruch von Normen und demokratisch-zivilisatorischen Tabus durch Trump und Gesellen ist nicht normal. Und er darf auch morgen kein kleines Stück normaler scheinen als heute. Auch dann nicht, wenn ihn vielleicht der Nachbar schon ein kleines Stück normaler findet. Gerade dann nicht. Kein Schritt zurück. Nein, das Entsetzen rettet uns nicht. Aber wenn wir uns nicht entsetzen, gibt es keine Rettung mehr.

Su Turhan
Mit Hirn und Liebe

Statt einer Antwort auf die Frage, ob ich helfen könne, fließen Tränen über die stoppeligen Wangen des Fremden. »Ich muss gehen«, sagt er.

Mag sein, dass er erschöpft ist von der Arbeit oder um einen geliebten Menschen trauert, denke ich. Mit Getöse fährt die U-Bahn ein, die mich nach Hause zu meiner Frau Demet und den Kindern bringen soll. Passagiere steigen aus, andere steigen ein. Dem Gewusel folgt Stille. Die U-Bahn setzt die Fahrt fort.

Ich reiche dem Mann eine Papierserviette, übrig geblieben vom Mittagessen mit den Kollegen in einer Metzgerei. Er schüttelt den Kopf. Ich bemerke den Schmutzrand am Hemdkragen, die ungepflegten Fingernägel und Flecken auf dem Trainingsanzug mit dem Emblem einer Jugendmannschaft, rieche das Aroma eines Deos, das ihn wie ein Schutzschild umhüllt.

»Warum müssen Sie gehen?«, frage ich ihn.

»Sie haben gewählt«, erwidert er.

Das stimmt, denke ich. Aber nicht sie, wir haben gewählt. Anders, als ich gehofft hatte, aber so funktioniert Demokratie.

»Brauchen Sie Geld?«, frage ich ihn und greife nach der Börse, um ihm etwas zu leihen oder zu schenken, sollte er beraubt worden sein oder in einer ausweglosen Situation stecken oder nicht wissen, wo er die Nacht verbringen kann.

»Geld brauche ich nicht«, sagt er.

Er legt den Stadtplan zur Seite und packt mich am Oberarm, als ich zur Bahnsteigkante gehen will. Flink wie ein Ringer, wie jemand, der geübt ist im Kämpfen, aber keine Kraft mehr hat.

Ich sehe ihn an und spüre nun das Band, das uns verbindet. Er spricht mit französischem Einschlag. Ich wie ein Einheimischer, obwohl ich nicht wie ein Münchner aussehe. Genauso wenig wie er wie ein Franzose aussieht. Beide haben wir schwarze Haare, braunen Teint, buschige Augenbrauen. Möglich, dass er arabische Wurzeln hat, überlege ich, obgleich es mir egal ist, woher er stammt. Er ist hier – wie ich –, das zählt. Der in meinen Augen Fremde atmet ruhig. Aus seinem müden Gesicht spricht die Verzweiflung eines Kindes, das von seiner Mutter am Bahnsteig vergessen wurde.

Er löst den Griff und zeigt mir eine Tageskarte. Der Fahrschein ist abgestempelt. »Damit kann ich überall hinfahren«, erklärt er. Die Feststellung, kein Schwarzfahrer zu sein, bedeutet ihm viel, höre ich aus seiner Stimme. »Ich darf jeden Bus, jede Trambahn, jede U- und S-Bahn im Stadtgebiet nehmen, nach Belieben hin- und zurückfahren, nach Lust und Laune Station um Station durchfahren.« Er stockt. »Ich weiß aber nicht, wohin mit mir, jetzt, wo ich gehen soll.«

»Sie müssen nicht gehen«, sage ich.

»Aber sie wollen, dass wir gehen. Zu viele wollen uns nicht mehr.«

»Wieso sagen Sie *wir*? Mich zwingt niemand zu gehen.«

»Ja?«

Er wischt mit dem Ärmel die Wangen trocken und legt die Handflächen auf das Gesicht. Ich beobachte ihn verlegen und schiele verstohlen zur Zuganzeige. Die nächste U-Bahn will ich auf keinen Fall verpassen. Ich schleiche zur Bahnsteigkante, überfordert mit den Gefühlen des Mannes, dem es nichts ausmacht, in aller Öffentlichkeit zu weinen. Das Band zwischen uns irritiert mich. Ich fühle wie er, fühle, dass sich seit der Wahl etwas geändert hat. Nur eingestehen kann ich es mir nicht, trotz der Zahlen und Fakten. Der Kreuze. Der aber vielen Kreuze. Ich bin nicht wir, sage ich mir. Doch das Vertraute um mich herum fühlt sich anders an, anders als bislang.

»Bitte, bleiben Sie«, hallt seine Stimme durch die U-Bahn-Station.

Die nächste Bahn fährt ein, er schreit lauter, damit ich ihn hören kann. Verdutzte, sich gestört fühlende Menschen schauen zu ihm und zu mir. Den Blicken unterstelle ich einen Gedanken, den ich zum ersten Mal denke. Er tut weh, ich verdränge ihn und kehre zur Sitzbank zu ihm zurück. »Tut mir leid, ich bin auf dem Heimweg. Meine Familie erwartet mich zum Abendessen.«

»Welche Station ist das?«, fragt er und entfaltet den Plan. »Zeigen Sie mir, wo Sie wohnen.«

Die U-Bahn, die mich zu meiner Frau und meinen Kindern Bircan und Burhan bringen würde, fährt mit quietschenden Bremsen ein und ohne mich weiter.

Ich nehme wieder neben ihm Platz und suche nach der roten U-Bahn-Linie. »Sehen Sie, wir sind hier, und ich steige hier aus. Vier Stationen.«

»Ohne umzusteigen?«, begeistert er sich. »Das ist gut.«

»Ja, das ist gut. Das war aber nicht immer so.«

Ich nehme ihm den Plan ab und suche nach einer Haltestelle, krame in den Erinnerungen, an meine Geburt in dieser Stadt. »Hier in der Nähe an dem S-Bahnhof bin ich geboren und aufgewachsen. An dieser Haltestelle war meine Grundschule, zum Gymnasium musste ich zweimal umsteigen. Mit der S-Bahn zum Hauptbahnhof, fünf Stationen mit der U-Bahn und eine weitere Station mit dem Bus. Wenn der Bus Verspätung hatte, bin ich gelaufen. Jeder Schultag eine Weltreise. Und das hin und zurück. Ich kenne meine Stadt.«

»Ihre Stadt?«

»Ja, meine Stadt. Es kann auch Ihre Stadt werden«, beruhige ich ihn.

»Nicht mehr«, sagt er. »Seit der Wahl nicht mehr. Mich hat eine Frau aus Paris gejagt. Das Schicksal hat mich hierhergeführt. Wenn ich gehe, ist das nicht schlimm. Aber für Sie. Sie sind hier zur Welt gekommen, trotzdem sind Sie abgewählt. Wie ich.«

»Nein, ich bin nicht abgewählt«, widerspreche ich, ohne zu merken, dass ich laut werde. In meinem Rücken spüre ich unangenehme Blicke, obwohl der Bahnsteig in dem Moment menschenleer ist.

Der Mann schnieft und fährt mit dem Zeigefinger meine Stationen nach. Ich denke an meine Eltern. *Anne* und *baba* sind wunderbare Menschen, die in jungen Jahren ihre Geburtsstadt Istanbul verlassen haben und zum Arbeiten nach Deutschland gekommen sind. Drei Kinder haben sie großgezogen. Ich bin der älteste Sohn, wir Kinder haben uns die neue Heimat nicht ausgesucht. Das Schicksal hat uns hergeführt, versuchte ich, meinen eigenen Kindern zu erklären. Nicht anders als der Mann eben.

Ich räuspere mich. »Und Sie? Wo sind Sie zur Schule gegangen?«

»Woanders«, sagt er. »Weit weg. Ist nicht drauf.« Er faltet den Plan zusammen.

»Eine große Stadt?«

»Ja, aber dort ist es nicht gut, hier war es gut, jetzt nach der Wahl nicht mehr«, sagt er bestimmt.

Es platzt aus mir heraus, diese Frage: »Wollen Sie zurück?« Ich beiße mir auf die Lippen. Warum schickst du ihn weg?, erschrecke ich vor mir selbst.

»Ja, ich möchte zurück, aber das geht nicht, zu gefährlich.« Aus seiner Stimme höre ich keinen Groll.

»Sie sind noch nicht lange in unserer Stadt?«, frage ich unter dem Aufjaulen der einfahrenden U-Bahn.

Er schüttelte den Kopf, die Augen auf die Tageskarte gerichtet.

Von einem Moment auf den anderen scheint das Herz des Fremden schneller zu klopfen, er schluckt, hustet, bevor er mir eine Frage stellt, auf die ich nicht vorbereitet bin: »Ihre Kinder. Darf ich ihre Namen erfahren?«

Warum lügen? Warum nicht ehrlich sein zu dem Mann? Trotzdem kommt mir die Antwort nur zögerlich über die Lippen. »Das Mädchen heißt Bircan, der Junge Burhan.«

»Fremde Namen«, stellt er fest.

»Aber nein, es sind schöne Namen«, erwidere ich aggressiv.

Mir liegt die Gegenfrage auf der Zunge, zu gerne würde ich wissen, ob auch er Kinder hat. Ich warte, bis die U-Bahn weggefahren ist.

»Ja«, kommt er mir zuvor, »ich habe Kinder.«

Wir schweigen beide.

Ich weiß nicht, wie mir geschieht, als er mit einem Lächeln ein Virus in meine Gehirnwindungen pflanzt. »Besser, Sie rufen zu Hause an, dass es später wird als sonst. Vielleicht hat Ihre Familie Angst um Sie.«

»Warum sollte sie? Wie kommen Sie darauf?«

»Weil gewählt wurde, deshalb«, erklärt er. »Haben Sie keine Angst?«

»Nein, aber nein, ich habe keine Angst, ich bin hier geboren. Ich arbeite hier, ich habe Freunde, Familie. Das ist meine Heimat. Das ist meine Stadt.«

Der Fremde lächelt. »Ich beneide Sie, Sie haben keine Angst wie ich.«

»Sie müssen keine Angst haben«, sage ich mit belegter

Stimme. Kaum spreche ich die Worte aus, begreife ich im selben Moment, wie ich ihn und mich selbst belüge. Wut steigt in mir auf. Ungeahnte Wut.

Ich entreiße ihm den Plan und entfalte ihn mit zitternden Fingern. »Sie haben gesagt, Sie können mit der Tageskarte fahren, wohin Sie wollen. Tun Sie es, fahren Sie, gehen Sie nicht fort.« Ich zeige ihm eine Haltestelle. »Hierher zum Beispiel, hier habe ich meine spätere Frau getroffen. Oder hier, mein Sohn spielt hier Fußball.«

»Wo?«, fragt er interessiert.

Die U-Bahn fährt ein. Ich greife seine Hand und führe ihn zur Bahnsteigkante. »Kommen Sie, ich zeige es Ihnen. Wir gehen da zusammen hin.«

* * *

Deutschland wählt. Genau das ist es, was mir derzeit Angst macht. Bange ist mir nicht wegen der rassistischen Gefahr, die von einigen Mitbürgern ausgeht. Ich rede von meiner persönlichen Angst, dass ich meiner Heimat, des Gefühls, daheim zu sein, beraubt werde, wenn aus den Urnen zu viele Wahlscheine mit Verpisst-euch-Kreuzen gezogen werden, die nichts anderes sind als der Funke, der meine hier verankerte Seele zum Lodern bringen würde. Ich habe eine Scheißangst vor der Wahl, weil ich Angst vor einem Großbrand habe. Wir wählen, wir haben aber keine Wahl.

Allein die Vorstellung der Vorstellung ängstigt mich, dass die wenigen viele sind, viel mehr sind, als ich mir eingestehen will. Jene, die fremde Kulturen ablehnen, im Anderssein Abartiges sehen, das Menschliche hintenanstellen, gehen mit Hass im Herzen zur Wahl. Der Gedanke lässt Wut in mir aufkochen. Ich habe keine Lust auf ein Pamphlet wie dieses. Jedoch muss es sein, es muss raus, weil ich diese verdammte Wut nicht grundlos in mir spüre.

Derzeit herrscht in Deutschland ein Klima, in dem Menschen mit nicht volldeutschen Wurzeln, sich davor fürchten, nicht mehr willkommen zu sein. Ganz zu schweigen von den Menschen, die bei uns Zuflucht und Sicherheit suchen. Was soll ich von Freiheit schreiben und um humanistisches Grundverständnis betteln, wenn ich Angst vor dem Versagen habe, nicht jene zu erreichen, die zu erreichen doch meine Pflicht wäre.

Neunational agitierende Realpolitiker sprechen die Mitte der Gesellschaft an, leugnen rechtes Gedankengut in ihren Reihen, sprechen aber in bestem rechtspopulistischem Jargon darüber, bürgerlich und ordnungsliebend zu sein. Und erreichen tatsächlich mit altbewährtem Heilsversprechen immer mehr von jenen, die sich verkauft und vernachlässigt wähnen und bereit sind, den gesunden Menschenverstand abzulegen. Die Mär von der Entdeutschung der Gesellschaft ist heraufbeschworen, sie ist nicht real.

Real sind meine Kopfschmerzen, die mich lähmen, wenn ich an die Wahlen denke. Eine Sorte Schmerz, die mich still sein lassen und zur Besonnenheit mahnen will, unaufhörlich pochend und stechend. Schmerzende Furcht, gegen die kein Mittel existiert, außer dem des Wortes. Des klaren Wortes. Welche Worte sind es, die ein Umdenken in sich bergen, wie ein Geheimnis, das, nach Jahrzehnten gelüftet, zu einer ungeheuerlichen Erkenntnis führt?

Wenn Angst vor der Angst das Sagen hat, was soll ich da hilflos schreiben und verzweifelt rufen: Denkt in der Wahlkabine an unsere Demokratie, sie ist stark; lasst uns gemeinsam ohne Hass auf andere leben; lasst nicht zu, dass fremde Kulturen verbannt, dass Menschen aus anderen Ländern verteufelt werden. Lasst die Vernunft siegen, lasst Fremdes weiterbestehen, es öffnet die Augen, um zu erkennen, wie anders und schön das Eigene ist. Tagein, tagaus spüren und erleben wir, wie in Deutschland eine pluralistische Gesellschaft wabert und wächst, in der Platz ist für Menschen mit Unterschieden. Reagiert nicht wie ein Revolverheld auf das, was aus dem Augenwinkel und aus dem Moment wie eine Gefährdung erscheint.

Drückt nicht blind ab, macht das Kreuz auf dem Wahlschein mit Hirn und Verstand, noch besser mit Herz und Liebe.

Unsere Autorinnen und Autoren

Andreas Altmann zählt zu den bekanntesten deutschen Reiseautoren und wurde u. a. mit dem Egon-Erwin-Kisch-Preis, dem Seume-Literaturpreis und dem Reisebuch-Preis ausgezeichnet. Von ihm erschienen u. a. die Bestseller »Das Scheißleben meines Vaters, das Scheißleben meiner Mutter und meine eigene Scheißjugend«, »Dies beschissen schöne Leben«, »Gebrauchsanweisung für die Welt« und zuletzt »Gebrauchsanweisung für das Leben«. Altmann lebt in Paris.

Manuel Andrack, 1965 in Köln geboren, wurde u. a. durch seine Zusammenarbeit mit Harald Schmidt bekannt. Er hat zahlreiche erfolgreiche Bücher verfasst und schreibt regelmäßig für den *Stern*, *DIE ZEIT*, *GEO Special* u. a. Bei Malik erschien zuletzt sein Band »Schritt für Schritt. Wanderungen durch die Weltgeschichte« und bei Piper »Lebenslänglich Fußball«. Er lebt mit seiner Familie im Saarland.

Neben seiner Tätigkeit als Anwalt schreibt **Karsten Dusse** als Headwriter für ausgewählte TV-Projekte (u. a. »Ladykracher«) und wurde als Autor mit dem Deutschen Fernsehpreis und mehrfach mit dem Deutschen Comedypreis ausgezeichnet sowie für den Grimme-Preis nominiert. Bei Piper erschien 2015 sein erstes Buch »Halbwissen eines Volljuristen«.

Bruno Jonas, geboren 1952 in Passau, ist Kabarettist, Schauspieler und Autor. Er war als Bruder Barnabas auf dem Nockherberg und in den Sendungen »Scheibenwischer«, »Jonas« und »Die Klugscheißer« zu sehen. Wenn er nicht mit seinen Kabarettprogrammen tourt, lebt er mit seiner Familie in München. Er veröffentlichte u. a. die »Gebrauchsanweisung für Bayern«, den SPIEGEL-Bestseller »Vollhorst« und »Totalschaden«.

Lamya Kaddor, 1978 als Tochter syrischer Einwanderer in Ahlen/Westfalen geboren, ist islamische Religionspädagogin, Islamwissenschaftlerin und Publizistin. 2010 gründete sie den Liberal-Islamischen Bund e.V. mit. Derzeit leitet sie ein vom BAMF unterstütztes Projekt zur Bekämpfung von Antisemitismus unter muslimischen Jugendlichen und eine Studie an der Universität Duisburg-Essen zur Islamfeindlichkeit, gefördert von der Stiftung Mercator. Sie wurde zu einer der zehn einflussreichsten Musliminnen Europas gewählt und mehrfach für ihre Arbeiten ausgezeichnet.

Hape (eigentlich Hans-Peter) Kerkeling, geboren 1964 in Recklinghausen, Entertainer, Schlagersänger, Moderator und Kabarettist, wurde u. a. mit der Goldenen Kamera, dem Adolf-Grimme-Preis und dem Deutschen Fernsehpreis ausgezeichnet. Sein Buch »Ich bin dann mal weg« stand 100 Wochen auf Platz 1 der Bestsellerliste und hat fünf Millionen Leser erreicht. Zuletzt erschien seine Autobiografie »Der Junge muss an die frische Luft«.

Michael Kibler, geboren 1963 in Heilbronn, ist heute leidenschaftlicher Darmstädter. Nach Studium und Promotion arbeitet er als Texter und Schriftsteller. Die erfolgreichen Kriminalromane um die Darmstädter Ermittler Steffen Horndeich, Margot Hesgart und Leah Gabriely begeistern seit Jahren zahlreiche Leserinnen und Leser.

Radek Knapp, 1964 in Warschau geboren, lebt als freier Schriftsteller in Wien und in der Nähe von Warschau. Sein hintergründiger Roman »Herrn Kukas Empfehlungen« gehört zu den erfolgreichsten Longsellern bei Piper. Zuletzt erschienen von ihm die Romane »Der Gipfeldieb« und »Der Mann, der Luft zum Frühstück aß«.

Tobias O. Meißner, geboren 1967, studierte Kommunikations- und Theaterwissenschaften und lebt als freier Schriftsteller in Berlin. Die *FAZ* kürte ihn als »einen der zehn wichtigsten Autoren von morgen«. In seinen Romanen erschafft er nicht nur fantastische Welten, sondern widmet sich immer wieder auch gesellschaftlichen und politischen Themen.

Rebecca Niazi-Shahabi stammt aus einer deutsch-israelisch-iranischen Familie und lebt in Berlin. Dort hält die Autorin Seminare zum Thema Charisma und arbeitet als Journalistin und Werbetexterin. Im Piper Verlag erschienen bisher »Nett ist die kleine Schwester von Scheiße«, »Zweimal lebenslänglich«, »Ich bleib so scheiße, wie ich bin«, »Keine Geschenke erhalten die Freundschaft« sowie »Scheiß auf die anderen«.

Stephan Orth, Jahrgang 1979, arbeitete von 2008 bis 2016 als Redakteur bei *SPIEGEL ONLINE*, bevor er sich als Autor selbstständig machte. Für seine Reisereportagen wurde Orth mehrfach mit dem Columbus-Preis ausgezeichnet. Er ist Autor der Bestseller »Sorry, wir haben die Landebahn verfehlt«, »Couchsurfing im Iran« und zuletzt »Couchsurfing in Russland«.

Georg M. Oswald, geboren 1963, lebt in München. Seine Romane und Kurzgeschichten zeigen ihn als glänzenden, gesellschaftskritischen Erzähler, sein erfolgreichster Roman »Alles was zählt« ist mit dem International Prize ausgezeichnet und in zehn Sprachen übersetzt worden. »Unter Feinden«, für dessen psychologischen Realismus er höchstes Lob erntete, wurde von Lars Becker für das ZDF verfilmt. Zuletzt erschien von ihm bei Piper »Alle, die du liebst«.

Gisa Pauly hängte nach zwanzig Jahren den Lehrerberuf an den Nagel und veröffentlichte 1994 das Buch »Mir langt's – eine Lehrerin steigt aus«. Seitdem lebt sie als Schriftstellerin, Journalistin und Drehbuchautorin in Münster, ihre Ferien verbringt sie am liebsten auf Sylt oder in Italien. Ihre Krimireihe um Mamma Carlotta erobert regelmäßig die Bestsellerliste.

Michael Peinkofer, 1969 geboren, studierte Germanistik, Geschichte und Kommunikationswissenschaften und arbeitete als Redakteur bei der Filmzeitschrift *Moviestar*. Mit seinen Fantasyromanen avancierte er zu einem der erfolgreichsten deutschsprachigen Fantastikautoren. Daneben schreibt er auch historische Romane und Kinderbücher.

Michael Schmidt-Salomon, Dr. phil., geboren 1967, ist freischaffender Philosoph und Schriftsteller sowie Vorstandssprecher der Giordano-Bruno-Stiftung. Bei Piper erschienen von ihm »Jenseits von Gut und Böse«, »Leibniz war kein Butterkeks« (mit Lea Salomon), »Keine Macht den Doofen«, »Hoffnung Mensch« sowie zuletzt »Die Grenzen der Toleranz«.

Jörg Steinleitner, geboren 1971 im Allgäu, verbrachte einen Teil seiner Kindheit in Paris. Der studierte Germanist, Historiker und Rechtsanwalt ist *BUCHSZENE.DE*-Kolumnist und Autor der Anne-Loop-Krimis sowie der Kunstfälscherserie »Ambach« (mit Matthias Edlinger). 2013 gründete er den Stiftungsverein für Leben und Kultur e.V., mit dem er existenzielle und kulturelle Projekte fördert. Steinleitner lebt mit seiner Frau und drei Kindern am Riegsee.

Kai Strittmatter, 1965 geboren, hat in München, Xi'an und Taipeh Sinologie studiert. Von 1997 bis 2005 lebte er als Korrespondent der *Süddeutschen Zeitung* in Peking und von 2005 bis 2012 in Istanbul. Seit 2012 berichtet er wieder aus China, wo er derzeit mit seiner Familie lebt. 2014 erhielt er den Theodor-Wolff-Preis für seine Reportage »Wolfskind«. Bei Piper erschienen seine beiden erfolgreichen Bände »Gebrauchsanweisung für China« und »Gebrauchsanweisung für Istanbul«.

1968 verschlägt es den in Istanbul geborenen **Su Turhan** von der Bosporusmetropole ins niederbayerische Straubing. Nach dem Studium der Neuen Deutschen Literaturwissenschaft an der LMU München beginnt er, Drehbücher zu schreiben, und arbeitet als Regisseur, u.a. für sein Liebesdrama »Ayla«, das internationale Publikumspreise erhielt. Mit »Kommissar Pascha: Ein Fall für Zeki Demirbilek« gab Turhan sein Debüt als Kriminalautor. Er lebt mit seiner Familie in München.

Dank

Die Veröffentlichung dieses Buchs wäre nicht möglich gewesen ohne die tatkräftige und großzügige Unterstützung zahlreicher engagierter Menschen. Zuallererst möchten wir uns natürlich bei jenen bedanken, die – ohne Honorar – den Inhalt für dieses Projekt geliefert haben! Einen großen und herzlichen Dank an unsere Autoren:

Andreas Altmann
Manuel Andrack
Karsten Dusse
Bruno Jonas
Lamya Kaddor
Hape Kerkeling
Michael Kibler
Radek Knapp
Tobias O. Meißner

Rebecca Niazi-Shahabi
Stephan Orth
Georg M. Oswald
Gisa Pauly
Michael Peinkofer
Michael Schmidt-Salomon
Jörg Steinleitner
Kai Strittmatter
Su Turhan

Nur aus ihren sehr unterschiedlichen und immer klugen Beiträgen konnte ein so abwechslungsreiches und vielschichtiges Buch entstehen.

Auch ohne unsere engagierten Kooperationspartner bei der Buchproduktion hätte dieses Werk nie entstehen können; folgende Firmen stellten ihre Expertise und ihr Material beziehungsweise ihre Arbeitskraft unentgeltlich zur Verfügung: das Büro Jorge Schmidt (Grafik), Lorenz & Zeller (Lithografie), Kösel Media GmbH (Satz), Cordier Spezialpapier GmbH (Papier), Peyer Graphic GmbH (Umschlagkarton) und CPI books GmbH (Druck und Bindung).

Auch ihnen möchten wir unseren besonders herzlichen Dank aussprechen!

Der Piper Verlag

Der Trägerkreis Junge Flüchtlinge e.V. bedankt sich für den Erlös aus dem Verkauf des vorliegenden Buchs. Seit 17 Jahren betreibt er die Münchner SchlaU-Schule für geflohene Menschen. Dort lernen rund 300 Schülerinnen und Schüler in einem auf drei Jahre angelegten Programm zunächst Deutsch und danach alles, was für den angestrebten Schulabschluss und Einstieg in das Berufsleben erforderlich ist. Die private Institution steht für Unabhängigkeit und Vielfalt – eine Vielfalt, wie sie auch in diesem Buch zum Ausdruck kommt, in dem gezeigt wird, dass man nicht immer derselben Meinung sein muss, um gemeinsam für eine Sache einzutreten.

Spendenkonto:
Trägerkreis Junge Flüchtlinge e.V.
Bank für Sozialwirtschaft
IBAN: DE32 7002 0500 0008 8345 01
BIC: BFSWDE33MUE

Theater Grenzenlos bedankt sich für die Spenden aus dem Verkaufserlös des vorliegenden Buchs. »Grenzenlos« ist ein inklusives Theaterprojekt mit unbegleiteten minderjährigen Geflüchteten und Münchner Schülerinnen und Schülern – eine Kooperation des Kulturzentrums Mohr-Villa Freimann mit dem Regisseur Viktor Schenkel und Global Understanding e.V. Das Theaterprojekt ermöglicht den Jugendlichen Selbstermächtigung. Ohnmachtsgefühle können überwunden und Gestaltungsspielräume erweitert werden. Darüber hinaus fördert das Projekt den Kontakt zwischen hier aufgewachsenen Jugendlichen und den neu Eingetroffenen.

Spendenkonto:
Mohr-Villa Freimann e.V.
Verwendungszweck: Kennwort Theater Grenzenlos
Münchner Bank e.G.
IBAN: DE21 7019 0000 0007 6060 28
BIC: GENODEF1M01

»Die wichtigsten Erkenntnisse zusammengefasst.«

Spiegel Online

Denkanstöße 2018
Ein Lesebuch aus Philosophie, Kultur und Wissenschaft

Piper Taschenbuch, 224 Seiten
€ 9,00 [D], € 9,30 [A]*
ISBN 978-3-492-31231-8

Wie beeinflussten die Jesuiten die europäische Moderne? Erkennen wir die größten Bedrohungen für unsere offene Gesellschaft? Und warum lässt uns die Vergangenheit auch 70 Jahre nach Ende des Zweiten Weltkriegs nicht ruhen? Denkanstöße 2018 präsentiert neue Erkenntnisse aus Politik, Geschichte, Philosophie und Naturwissenschaften von namhaften Autoren wie Markus Friedrich, Matthias Thöns, Alexandra Senfft oder Michael Schmidt-Salomon. Ein Jahrbuch zum Mitdenken, Mitreden und Weiterdenken.

Leseproben, E-Books und mehr unter www.piper.de